ZEN ET CHRISTIANISME

« *Spiritualités vivantes* »

EVELYN DE SMEDT

ZEN ET CHRISTIANISME

et l'enseignement
de Maître Deshimaru

Préface
de Jean-Yves Leloup

Albin Michel

Albin Michel
■ *Spiritualités* ■

*Collections dirigées
par Jean Mouttapa et Marc de Smedt*

© Éditions Albin Michel S.A., 1990
22, rue Huyghens, 75014 Paris

ISBN : 2-226-04001-3
ISSN : 0755-1835

Je tiens à remercier profondément François Demoly pour l'aide qu'il m'a apportée au sujet de Maître Eckhart, ainsi que Vincent Bardet pour ses indications bibliographiques.

AVANT-PROPOS

L'ouvrage que voici réalise un projet cher au cœur du Maître zen Taisen Deshimaru, qui était très attaché à l'exploration des convergences entre les dimensions religieuses et spirituelles du Zen, qu'il était venu transmettre en Occident, et du Christianisme, tradition dominante de l'Europe où s'est déployée sa mission. Pour reprendre une expression qui lui était familière, il venait « planter la graine du Zen » dans une terre façonnée par deux millénaires de civilisation chrétienne. Il était inévitable que, d'une telle démarche, une étincelle surgisse, modestement d'abord, presque secrètement, puis, ce livre en est témoin, une lumière, visible par le plus grand nombre.

Une vive flamme d'amour et de sagesse s'est nourrie de l'effort obscur et courageux de pratique et de compréhension de la méditation zen mené par certains pionniers parmi d'authentiques mystiques chrétiens, dans notre partie du monde, ainsi qu'au Japon. Certains de leurs propos, rapportés dans cet ouvrage, nous semblent particulièrement précieux et émouvants. Leur expérience fournit la preuve que, parmi les plus exigeants des chrétiens du XXe siècle, il y avait une attente que le Zen n'a pas déçue.

Les premiers missionnaires, Jésuites portugais, qui parvinrent à franchir le seuil d'un temple zen au XVIe siècle, ne virent que des bonzes « accroupis » se faisant bastonner pour quelque incompréhensible raison. Aujourd'hui, le dialogue devient possible sur fond de silence partagé, qu'il s'agisse du recueillement contemplatif de l'oraison silencieuse, ou du calme absolu d'un dojo.

Un moine réalisa le satori en voyant une fleur de pêcher, un autre en entendant un caillou tinter contre un bambou. Sotoba, grand poète et calligraphe chinois, pratiquait zazen tous les jours. En écoutant le bruit de la vallée, il connut l'éveil, et composa, sous forme de koan, ce poème :

> *Le son de la vallée*
> *est une grande conférence*
> *La couleur de la montagne*
> *est le corps pur sans souillure.*

Et l'on sait que dans les Psaumes, les montagnes chantent la gloire de Dieu. Dans son premier roman, Georges Bernanos fait dire à un prêtre : « Comprenez-moi... Comprenez-moi !... A chaque instant, il peut nous être inspiré le mot nécessaire, l'intervention infaillible — celle-là — pas une autre. C'est alors que nous assistons à de véritables résurrections de la conscience. »

Le Zen et le Christianisme — une autre étude serait à faire sur les traditions juive et islamique — ont ceci en commun que dans cet espace nomade et libre, où l'on traverse les grandes épreuves de l'esprit, s'opère la rencontre avec l'indicible. Pour s'engager sur ce chemin, il faut au chercheur spirituel une décision pleine et entière, une totale générosité de l'être prêt à se risquer sans peur. Puisse cet ouvrage apporter sinon un guide ou un viatique, du moins quelques éclaircissements radicaux, au lecteur épris de vérité, dans ce voyage sans fin.

VINCENT BARDET

PRÉFACE

L'histoire des relations du Christianisme et du Bouddhisme ne manque pas d'intérêt : encore à une époque récente, on y remarque les anathèmes les plus sectaires et les syncrétismes les plus complaisants.

En 1735 J. B. du Halde dans sa *Description de la Chine* parle du Bouddhisme comme d'une « religion monstrueuse », une « secte abominable ». P. Parennin dans sa lettre à M. de Mairan surenchérit : « C'est une peste, une gangrène. Les philosophes chinois ont eu raison de la combattre, non seulement comme une ridicule doctrine mais comme un monstre dans la morale et comme le renversement de la société civile [1]. »

A ceux qui affirmaient que tout ce qu'il y a de valable dans la doctrine du Bouddha est emprunté à la loi de Moïse on répondit par des affirmations tout aussi péremptoires que ce sont plutôt les juifs et les chrétiens qui ont « pillé » les écrits du Bouddhisme.

Pour l'auteur anonyme d'un ouvrage paru en 1881 sous le titre significatif *Jésus-Bouddha* non seulement les esséniens mais tous les prophètes d'Israël sont « manifestement » bouddhistes : les écoles des prophètes étaient des couvents bouddhistes, le Bouddhisme d'Esdras était altéré mais bientôt les esséniens rétablirent la pure doctrine dans laquelle ils élevèrent Jésus en leur couvent de la quarantaine. On comprend que Jésus se soit heurté aux pharisiens, « produit bâtard de l'ancienne Loi de Moïse et de la nouvelle Loi du Bouddha. » Après avoir prêché celle-ci, Jésus grâce à ses disciples est devenu Bouddha après sa mort ou si l'on préfère, pour les Occidentaux « Bouddha est devenu Jésus »...

Ce qu'ont en commun ces différents auteurs c'est une puissance d'affirmation proportionnelle à l'absence de fondements pour ce qu'ils affirment. A ce ton polémique ou « récupérateur » certains préféreront un syncrétisme qui ne manque pas de bonne volonté mais qui demeure tout aussi caricatural. Dans *La Voie parfaite* parue sans nom d'auteur en 1882 on peut lire :

« Bouddha et Jésus sont nécessaires l'un à

l'autre ; et dans l'ensemble du système ainsi complété, Bouddha est le mental, Jésus est le cœur ; Bouddha est le général, Jésus est le particulier ; Bouddha est le frère de l'univers, Jésus est le frère des hommes ; Bouddha est la philosophie, Jésus est la religion ; Bouddha est la circonférence, Jésus est le centre ; Bouddha est le système, Jésus est le point de radiation ; Bouddha est la manifestation, Jésus est l'esprit. En un mot Bouddha est l'homme, ou l'intelligence, Jésus est la femme ou l'intuition... Personne ne peut être proprement chrétien s'il n'est aussi et d'abord bouddhiste. Ainsi les deux religions constituent respectivement l'extérieur et l'intérieur du même Évangile, la fondation étant le Bouddhisme (ce terme comprenant le pythagorisme) et l'illumination le Christianisme. Et de même que le Bouddhisme est incomplet sans le Christianisme, de même le Christianisme est inintelligible sans le Bouddhisme [2]. »

On pourrait croire que le xxe siècle connaissant mieux les Textes fondateurs de ces deux civilisations serait moins enclin à porter des jugements définitifs sur « l'autre ». Ce n'est pas encore le cas de Paul Claudel : « Il n'est que trop vrai, pour l'être à qui Dieu s'est montré, à qui Dieu s'est offert, que céder à la tentation bouddhique, ce serait choisir le

silence de la créature retranchée dans son
refus intégral, la quiétude incestueuse de
l'âme assise sur sa différence essentielle.
L'homme porte en lui l'horreur de ce qui
n'est pas l'Absolu, il aspire à rompre le cercle
affreux de la vanité. Mais s'il croit y parvenir,
à la suite du plus profond sans doute parmi
les spirituels laissés à leurs propres lumières,
en reniant la foi qu'il avait reçue d'en haut,
alors en vérité, il ne réussit qu'à " parfaire le
blasphème païen " et cette apostasie est en
même temps régression mentale [3]. »

Citons enfin deux célèbres théologiens du
XXe siècle — Henri de Lubac d'abord :

« Les religions et les sagesses humaines ne
sont pas comme autant de sentiers gravissant,
par des versants divers, les pentes d'une
montagne unique. On les comparerait plutôt,
dans leurs idéaux respectifs, à autant de
sommets distincts, séparés par des abîmes, —
et le pèlerin qui s'est égaré, hors de la seule
direction, sur le plus haut sommet, risque de
se trouver, de tous, le plus éloigné du but.
Enfin, c'est entre les hautes cimes que se
produit l'éclair des grands conflits [4]. »

Et Romano Guardini :

« Le Bouddha constitue un grand mystère.
Il vit dans une liberté effrayante, presque
surhumaine, cependant qu'il est d'une bonté
puissante comme une force cosmique. Peut-

être Bouddha est-il le dernier génie religieux avec lequel le Christianisme aura à s'expliquer. Personne n'a encore dégagé sa signification chrétienne. Peut-être le Christ n'a-t-il pas eu seulement un précurseur dans l'Ancien Testament, Jean, le dernier des prophètes, mais un autre au cœur de la civilisation antique, Socrate, et un troisième qui a dit le dernier mot de la philosophie et de l'ascétisme religieux orientaux, Bouddha[5]. »

Il convenait de citer assez longuement ces théologiens. Ils expriment assez bien ce que pensent encore aujourd'hui beaucoup de catholiques, protestants et orthodoxes. Néanmoins on ne peut nier un changement d'attitude de la part d'un certain nombre de chrétiens qui ne se contentent pas de « lire des livres sur... » mais qui osent s'engager dans « la pratique » de l'autre. Leur jugement s'en trouve changé, comme éclairé du dedans. C'est à cette catégorie de chrétiens que fait appel Evelyn de Smedt : Enomiya Lassalle, A. M. Besnard, Kakichi Kadawaki, Pierre-François de Béthune, on pourrait aussi ajouter : Thomas Merton ; R. Panikkar, K. Durckheim, W. Johnston et quelques autres.

Là, il s'agit peut-être moins d'afficher ses étiquettes, bouddhiste ou chrétien, mais d'entrer davantage dans la question : qu'est-ce que l'homme? Qu'en est-il de cette profondeur nommée de divers noms mais dont il importe avant tout de faire l'expérience et d'en revenir transformé, délivré des songes et de l'illusion, davantage présent à « ce qui est » ?

Au terme d'une sesshin zen, un ami bouddhiste venait de m'expliquer que le non-attachement, la non-réalité du sujet (*anatta*), la vacuité (*sunyata*) et l'attention à l'instant « sans but ni profit » étaient pour lui l'essentiel de ce que lui avait enseigné la posture et la méditation zen.

Il me posa quatre questions :

— Un chrétien peut-il être sans attachement, sans désir, sans dépendance, à l'égard même de Dieu et du Christ ?

— Un chrétien peut-il accepter la non-réalité du sujet ?

— Un chrétien peut-il faire sienne l'expérience de la réalité ultime comme vacuité ?

— Un chrétien peut-il vivre dans la discontinuité, instant après instant, sans mémoire, sans projet ?

En guise de réponse, j'invitai mon ami à venir pratiquer une semaine de méditation hésychaste dans un monastère orthodoxe, après lui avoir expliqué que la liberté intérieure, le don de soi-même (ou le renoncement à soi-même), le sens du mystère, « ne pas se préoccuper du lendemain » et « ne pas se retourner en arrière » étaient pour moi des éléments importants enseignés par la pratique de la méditation hésychaste.

Je lui posai quatre questions :

— Un bouddhiste peut-il être libre de toutes attaches, sans désir, même à l'égard du Dharma et du Bouddha ?

— Un bouddhiste peut-il accepter la réalité relative du sujet humain (et renoncer à ce qu'il croit être un soi ou un non-soi) ?

— Un bouddhiste peut-il faire sienne l'expérience de la réalité ultime comme plénitude (*pléroma*) ou comme Mystère (ténèbre supra-lumineuse dirait Denys le Théologien) ?

— Un bouddhiste peut-il vivre l'instant dans l'histoire, sans nier pour autant son ouverture à l'Éternel (qui est un non-temps) ?

A une question ne faut-il pas d'abord répondre par une autre question ? N'est-ce pas ainsi que chacun stimule l'autre à creuser son propre puits et qu'ensemble et à distance nous nous approchons de la Source ?

Remercions Evelyn de Smedt pour son ouvrage *Zen et Christianisme* qui repose sur l'enseignement, principalement, de Maître Taisen Deshimaru, de Maître Eckhart et de Paroles d'Évangiles, mis en situation sur des points importants moins de doctrine que d'expérience, et d'avoir la sagesse de n'en proposer aucune interprétation ni d'imposer un quelconque jugement. Le lecteur peut ainsi sortir de ce livre suffisamment libre et stimulé pour entreprendre de vérifier par lui-même si la rencontre est souhaitable ou tout simplement possible.

JEAN-YVES LELOUP

Introduction

HISTORIQUES APERÇUS

L'histoire du Christianisme commence avec Jésus qui naquit à Nazareth, petite ville de Galilée, ce qui lui valut le nom de « Nazaréen ». On ignore la date précise de sa naissance. Elle eut lieu sous le règne d'Auguste, quelques années avant l'an I de notre ère. Le nom de Jésus, qui lui fut donné, est une altération de Josué.

Son père, Joseph, et sa mère, Marie, étaient des gens très simples, des artisans qui vivaient modestement. Le début de son éducation commença sous la direction du *hazzan,* le lecteur des synagogues. Mais en Orient la culture morale et surtout l'esprit général du temps se transmettent surtout par le contact personnel des hommes. La tente est une sorte d'académie toujours ouverte où, de la rencontre des gens, pou-

vait naître un grand mouvement intellectuel
et même littéraire.

L'idiome propre de Jésus était le dialecte
syriaque, l'araméen, mêlé d'hébreu, qu'on
parlait alors en Palestine. Il n'étudia pas la
scolastique qui s'enseignait à Jérusalem et
qui devait bientôt constituer le Talmud. On
peut cependant supposer que les pensées de
Hillel, docteur pharisien, ne lui furent pas
inconnues. Cinquante ans plus tard dans ses
aphorismes on retrouve beaucoup d'analo-
gies. Certaines autres de ses maximes
venaient des livres de l'Ancien Testament qui
le marqua beaucoup. Le canon des livres
saints se composait de deux parties princi-
pales, la Loi et les Prophètes. La Loi l'inté-
ressa fort peu, il préféra la poésie religieuse
des Psaumes et les Prophètes tel Isaïe.

Jésus exerça le métier de son père, char-
pentier, selon la coutume qui voulait que tout
homme voué aux travaux intellectuels apprît
un métier. Durant toute sa vie, il ressentit le
divin en lui-même et il vécut au sein de Dieu
par une communication de tous les instants.
Dieu conçu comme Père universel, telle est la
théologie de Jésus et de certains rabbins de
l'époque. En chacun d'entre nous est « le
Royaume de Dieu », « le Royaume du ciel »,
disait-il.

Peu à peu des gens avides de l'entendre et

cherchant l'inconnu se regroupèrent autour
de lui. Tout se passait en conversations et en
leçons publiques. De plus en plus de personnes le suivirent. Il n'y avait pas encore de
chrétiens mais le Christianisme était fondé.

Parmi ses disciples les plus dévoués on note
deux frères, tous deux fils d'un certain Jonas :
Simon surnommé la pierre et André. Une
autre famille qui avait aussi deux fils, Jacques
et Jean, lui fit bon accueil. Des femmes,
sensibles à ses manières réservées, le rece-
vaient avec empressement. La séparation des
hommes et des femmes était moins rigoureuse
dans les campagnes que dans les grandes
villes. Trois ou quatre Galiléennes dévouées
accompagnaient toujours le jeune Maître.
L'une d'elles, Marie de Magdala, lui fut
fidèle jusqu'au Golgotha et joua le surlende-
main de sa mort un grand rôle en étant
l'organe principal par lequel s'établit la foi en
la résurrection. Plusieurs autres personnes le
suivirent quotidiennement et le reconnurent
pour leur Maître : un certain Philippe de
Bethsaïde, Matthieu qui fut l'écrivain du
Christianisme naissant. Peut-être participa-
t-il à la rédaction de ces Logia, dont le nom
commun est Matthieu, et qui sont la base de
ce que nous savons des enseignements de
Jésus ; Thomas, Simon le Zélote, Joseph
Barsaba, surnommé Justus ; Matthias et

Judas, fils de Simon (il paraîtrait, le seul qui ne fût pas Galiléen).

La famille de Jésus fut peu portée vers lui. Cependant, Jacques et Jude, cousins de Jésus par Marie Cléophas, et Marie Cléophas elle-même firent partie des compagnons qui le suivirent au Calvaire. A cette époque, on ne voit guère près de lui sa mère Marie. Seulement après sa mort elle acquiert une grande considération, de même que les autres membres de sa famille qui furent longtemps à la tête de l'Église de Jérusalem. Parmi tous les disciples certains formèrent un cercle plus étroit et plus profond autour du Maître. Jacques et Jean paraissent avoir fait partie de ce petit conseil, de même que Simon, fils de Jonas. Chacun avait des caractéristiques différentes et aucune hiérarchie proprement dite n'existait dans cette assemblée. Toutefois, Jésus reconnut en Simon une certaine primauté et interpréta son surnom syriaque de *Képha* (pierre) en ce sens qu'il était la pierre angulaire de l'édifice nouveau.

De la tradition orale à l'écrit

De son vivant Jésus n'a jamais écrit, excepté, paraîtrait-il, une seule fois sur du sable. De même, pendant les trente années qui suivirent la crucifixion du Christ la transmission continua à se faire oralement. Mais le « Royaume de Dieu », comme l'avait annoncé Jésus, n'arrivait pas et différentes sortes d'Églises naissaient un peu partout dans l'Empire avec des communautés composées de païens. La tradition orale avait besoin de se fixer. Les apôtres disparaissaient les uns après les autres et la communauté judéochrétienne n'était guère solide ; à ce moment-là dut commencer la rédaction du premier Évangile, celui de Matthieu le publicain. Rédigé en araméen, il constitue le premier récit complet de l'itinéraire de Jésus. Un recueil composé de Paroles, de Paraboles le suivra. Ces deux ouvrages furent vite traduits en grec. Mais ce changement de langue entraîna un glissement de sens inévitable.

Le second Évangile est rédigé vers les années 64 par Marc qui suivit Pierre à Rome et rédigea à ses côtés, en se servant du recueil traduit en grec de Matthieu mais sans avoir connaissance du volume supplémentaire. Puis apparaît la rédaction de l'Évangile de Matthieu, tel que nous le connaissons aujourd'hui. Mais cet Évangile est rédigé par un inconnu et non par le disciple de Jésus. Il est écrit en grec et s'appuie, semble-t-il, sur le travail de Marc et sur les deux recueils traduits de l'araméen. Dans les années 70-80, après un long effort de recherche en Judée et en Galilée, Luc, sans connaissance de l'Évangile de Marc, rédigea son Évangile.

Les trois Évangiles synoptiques de Matthieu, Marc et Luc sont différents de celui rédigé, vers les années 80, par Jean qui se présente comme une longue méditation, sans doute l'œuvre la plus mystique des quatre. Par son style et sa pensée elle fut souvent considérée avec méfiance et soupçonnée par les inquisiteurs et les traditionalistes.

L'Église catholique

Après la mort du Christ, Jacques, frère de Jésus, deviendra le chef de la communauté de Jérusalem. Les judéo-chrétiens fidèles aux principes de la tradition hébraïque font appel à l'autorité de celui qui est le plus proche par le sang du Maître disparu.

« En 1870, le concile du Vatican proclame : " Si donc quelqu'un dit que ce n'est pas par l'institution du Christ ou de droit divin que le bienheureux Pierre a des successeurs dans sa primauté sur l'Église universelle, ou que le Souverain Pontife romain n'est point le successeur du bienheureux Pierre en cette primauté, qu'il soit anathème. " Voilà la grande menace brandie selon les habitudes autoritaires et coercitives de l'Église romaine. Seule elle décide, avec infaillibilité, de ses origines, et seule elle est habilitée à poser comme une évidence son droit à l'existence, de par l'apôtre Pierre.

Seulement il ne suffit plus aujourd'hui d'affirmer péremptoirement un dogme pour le faire entendre comme la parole même de Dieu aux chrétiens. Il n'y a plus besoin d'être athée pour nier en bloc toutes les théories dogmatiques et contradictoires de l'Église romaine. Être chrétien c'est pratiquer, tout au moins s'efforcer vraiment de vivre la Parole du Christ, telle qu'elle peut se lire dans l'Évangile. C'est aussi avoir l'exigence intérieure de rechercher où réside l'autorité de ceux qui transmettent cette Parole. Un chrétien doit vouloir y voir clair dans les origines de l'Église [1]. »

Le schisme d'Orient

Au XIe siècle, le schisme entre Byzance et Rome, la scission brutale du monde chrétien, scission qui dure encore, marquera la rupture pour l'Église catholique romaine avec une grande partie du message du Christianisme primitif. Dès que la religion chrétienne fut promue religion d'État, des milliers de chrétiens d'Orient partirent dans le désert se retirer, jeûner, méditer, suivant l'exemple même de Jésus et de tous les grands personnages spirituels. Et dans l'Église orthodoxe, à Byzance, en Grèce, en Russie ou ailleurs, dans la nature ou dans un couvent, brève ou prolongée, toute retraite était considérée comme bonne et hautement profitable.

Tous ces principes seront défendus et définis de façon précise par Grégoire Palamas au XIVᵉ siècle. Sa doctrine théologique, consacrée à la défense et à la justification de l'hésychasme, suscita un renouveau spirituel.

« La joie spirituelle qui vient de l'esprit dans le corps n'est pas du tout corrompue par la communion au corps (*soma*), mais transforme le corps et le rend spirituel parce qu'alors il rejette tous les mauvais appétits de la chair, ne tire plus l'âme (*psyché*) vers le bas, mais s'élève avec elle, de sorte que l'homme tout entier devient esprit (*pneuma*) suivant ce qui est écrit : " Celui qui est né de l'Esprit est Esprit " *(Jean III, 6)*, écrit Palamas dans ses Triades *(II. 2-9)*.

La recherche vise donc une nouvelle vie de l'être entier, une vie où la présence de l'énergie divine est ressentie, en soi. Acquérir le pouvoir d' " être Esprit " *(Jean, III, 6)*, car " Dieu se laisse voir face à face et non en énigmes " *(Nombres, XII, 8)*. En parlant de cette faculté surnaturelle de vision, Palamas dit : " Si elle se regarde elle-même, elle voit la lumière ; si elle regarde l'objet de sa vision, c'est encore de la lumière, et si elle regarde le moyen qu'elle emploie pour voir, c'est encore là de la lumière; c'est là qu'est l'union; que tout cela soit un, de sorte que celui qui voit n'en puisse distinguer ni le moyen, ni le but, ni l'essence, mais qu'il ait conscience d'être lumière et de voir une lumière distincte en toute créature. »

Dieu se trouve à la fois présent dans l'essence et dans les phénomènes de la vie. Cette vision, proche du Christianisme originel, verra son épanouissement dans une pratique précise : la prière à Jésus. Le mot prière sous-tend une activité corporelle car « le corps, d'une façon sensible ou imperceptible, prend part à tout mouvement de l'âme, qu'il s'agisse de sentiment, de pensée abstraite, de volition ou même d'expérience transcendante [2]. »

La gnose

Durant les trois premiers siècles apparurent les premiers Maîtres gnostiques tels que Valentin, Carpocrate et Basilide qui fondaient le salut sur le rejet de la matière soumise aux forces du mal et sur une connaissance supérieure des réalités divines.

Le monde est illusion et sans noumène. Tout n'existe que par interdépendance. Pour l'expérimenter il faut le silence. Basilide imposait un silence de cinq ans à ses disciples, une façon d'opposer à la matière des bruits du monde l'anti-matière du silence de l'homme. La libération passera aussi par ce silence de l'esprit et par la liberté du corps auquel il faut, soit laisser assouvir ses passions jusqu'à les éteindre, soit les dépasser par l'ascèse. Telle est la base du système gnostique.

Parmi la cinquantaine de textes gnostiques découverts en 1945 en Haute-Égypte figure *l'Évangile selon Thomas*. « C'est un trésor de Paroles, un Évangile qui révèle à l'homme ce qu'il porte en lui depuis toujours. C'est une collection de Logia ou paroles nues attribuées au Maître. Ces paroles auraient été recueillies par Didyme Jude Thomas [3]. » A la façon des koans japonais, elles peuvent apporter une transformation de la conscience. Il s'agit de s'éveiller à la Réalité absolue au milieu des phénomènes de la vie de tous les jours. C'est ici et maintenant que se joue la destinée humaine. Certains Logia, écartés des Évangiles canoniques, permettent d'éclairer des notions aussi fondamentales que la nature du Royaume, la recherche intérieure, la connaissance, l'éveil, le caractère illusoire du salut dans le devenir, l'au-delà du temps et de l'espace...

Cette œuvre, comparée à d'autres enseignements essentiels nés sous d'autres cieux et en d'autres temps, révèle la Vérité, universelle au fond de l'homme. Celle-ci apparaît lorsqu'elle est débarrassée des sédiments religieux et culturels. Ainsi des rapprochements s'imposent entre l'Orient et l'Occident, entre la gnose des premiers siècles et le Zen, entre Jésus et des Maîtres comme les mystiques du Moyen Âge et en particulier Maître Eckhart.

« Par les choses que je vous dis, ne savez-vous pas qui je suis ? » dit Jésus.

« L'identité est parfaite entre l'Être et la Parole. L'un ou l'autre, l'un et l'autre, nous révèlent à notre identité en nous permettant de nous reconnaître : c'est cela la gnose. Jésus est la gnose par ce qu'il est ; il est la gnose par ce qu'il fait ; il est la gnose par ce qu'il dit, en un mot il est la gnose. Et son enseignement n'est là que pour nous permettre de réaliser la gnose, autrement dit, pour faciliter la connaissance et la reconnaissance de notre unité primordiale[4]. »

LES MYSTIQUES DU MOYEN ÂGE ET DE L'ÂGE BAROQUE

Le XIVe siècle peut bien être appelé le siècle mystique par excellence. Beaucoup de mys-

tiques de cette époque eurent un rôle semblable à celui des prophètes de l'Ancien
Testament.

Ce siècle était en proie à de nombreuses
calamités : sous l'influence politique des
Français, les papes avaient quitté Rome pour
Avignon où ils menaient une vie fastueuse.
Et, en 1377, leur retour à Rome entraîna
l'élection d'anti-papes par les cardinaux français. L'Église eut ainsi deux, trois chefs
parfois, jusqu'à la résorption finale du
schisme en 1417.

Devant tous ces maux dans l'Église, des
religieux, hommes et femmes, cherchèrent
Dieu à l'intérieur d'eux-mêmes et se retirè-
rent du monde, réunissant souvent un cercle
de disciples autour d'eux. Puis ils retour-
naient prêcher parmi les gens. Les plus
influents des mystiques viendront de l'ordre
des Dominicains. Au-dessus de tous domine
Maître Eckhart.

Maître Eckhart

Il naquit vers 1260, près de Gotha, dans le
bourg de Hochheim. Il entra jeune dans le
couvent des Dominicains d'Erfurt et en
devint le prieur durant les dernières années
du XIIIe siècle. En même temps il fut inspec-
teur des couvents de la province de Thuringe.

Il fréquenta les universités de Strasbourg, de Cologne et de Paris, et enseigna la théologie. Inquiété pour ses idées, il se rendit en Avignon devant le pape. Il affirmait que Dieu est tout, l'homme néant ; rien ne peut être dit de Dieu, sauf qu'il est au commencement, alors que la création est soumise au temps ; un reflet de Dieu se trouve en l'âme de l'homme : elle doit donc laisser Dieu agir à sa place.

La bulle qui condamna certaines de ses propositions, tout en insistant sur sa bonne foi personnelle, ne fut publiée que deux ans après sa mort, en 1329.

Jean Tauler

Jean Tauler (1300-1361) entra chez les Dominicains à l'âge de quinze ou vingt ans. Pendant ses études à Cologne il se familiarisa avec l'enseignement d'Eckhart.

Eckhart avait défendu des spéculations les plus hardies sur l'unité de Dieu et de l'âme. A une époque de lutte entre le pape (Jean XXII) et l'empereur (Louis IV de Bavière), alors que de nombreuses cités allemandes subissaient l'interdit, privées de sacrements parce qu'elles restaient fidèles à l'obéissance due à leur souverain, Tauler prêcha surtout la pénitence et la conversion à la vie intérieure.

Ruysbroek

Jan van Ruysbroek (1293-1381), quoique n'étant pas lui-même dominicain, fut influencé par l'enseignement d'Eckhart. A onze ans il fut envoyé à Bruxelles pour être formé par son oncle, prêtre de l'église de Sainte-Gudule. Tout en se consacrant à ses tâches sacerdotales, Ruysbroek donnait beaucoup de temps à la contemplation. Il combattit vigoureusement l'enseignement des Frères du Libre Esprit, qui, particulièrement répandu aux Pays-Bas, s'opposait à toute autorité ecclésiastique et prônait une doctrine plus ou moins panthéiste, sans sacrements, ni dogmes.

En 1343, Ruysbroek se retira dans l'ermitage de Groenendaal et s'adonna entièrement à une vie de prière et de contemplation. Sa renommée de sainteté et de sagesse se répandit à travers l'Europe. Il enseignait la triple voie traditionnelle vers l'union mystique, dont les étapes sont : « la vie des commençants, appelée vie active, et qui est nécessaire à tous les hommes qui veulent être sauvés... ; la vie intérieure, ou vie d'élévation et de désir de Dieu, à laquelle les hommes arrivent par leurs vertus et par la grâce de Dieu... ; et la vision de Dieu, que peu d'hommes peuvent atteindre ou goûter, étant donné sa sublimité ».

Les mystiques anglais

Le xive siècle fut aussi la période mystique de l'Église en Angleterre. Parallèlement au monachisme une intense vie érémitique fleurissait. Le plus marquant des mystiques anglais est Richard Rolle (env. 1249-1349). Il serait l'auteur resté anonyme du *Nuage d'inconnaissance*, écrit probablement vers le milieu du xive siècle. L'auteur y enseigne une approche directe de Dieu en un « doux éveil de l'amour », vide de pensée ou de représentation imaginative.

Ignace de Loyola (1491 ?-1556)

Fondateur très actif de la Compagnie de Jésus il fut aussi un grand contemplatif et mystique.

Basque de famille noble, il entra jeune dans la carrière militaire et fut un soldat ambitieux, sans intérêt particulier pour la religion. Mais en 1521, blessé à la jambe pendant la défense de la forteresse de Pampelune, il fut renvoyé dans sa maison familiale pour de longs mois d'inactivité. Les seuls livres que sa pieuse belle-sœur put lui procurer furent une

Vie du Christ et la *Légende des saints*. Rapidement les actions des saints commencèrent à
enflammer son imagination, et il se dit : « Si
saint Dominique et saint François d'Assise
ont pu faire de telles choses, pourquoi pas
moi ? »

Vêtu de bure, il se rendit en pèlerinage au
fameux sanctuaire de Montserrat, près de
Barcelone. Il demeura là quelque temps chez
les Bénédictins, menant une vie d'extrême
austérité et de prière constante, pendant
laquelle il reçut plusieurs grâces mystiques,
des consolations aussi bien que les souffrances de la « nuit obscure de l'âme ». Le
résultat de cette période de retraite fut la
première ébauche de ses fameux *Exercices
spirituels,* livre d'instruction sur le moyen de
faire une retraite vraiment efficace, qui aboutit à une transformation de l'homme tout
entier. A cette fin, l'intellect, les sens et
l'imagination sont tous mobilisés pour pous-
ser la volonté à prendre la juste résolution et
régler la vie selon l'intention de Dieu.

L'école du Carmel

C'est dans la deuxième moitié du xviᵉ siècle qu'apparaissent Thérèse d'Avila et Jean
de la Croix.

Thérèse d'Avila

Teresa de Cepeda y Ahumada (1515-1582) naquit parmi onze frères et sœurs dans une famille aisée. A seize ans on l'envoya dans une école dirigée par les religieuses augustines, pour parachever son éducation. Mais cela ne lui donna pas un grand attrait pour la vie religieuse. Elle dut partir à cause d'une maladie grave. Puis elle rendit visite à son oncle qui lui donna à lire des ouvrages spirituels insistant sur les souffrances des pécheurs en enfer. Elle commença à avoir peur et décida de se faire religieuse, parce que « c'était l'état le plus sûr », écrit-elle dans son autobiographie.

A l'âge de quarante ans son extraordinaire conversion fit qu'elle devint une des plus grandes mystiques de la chrétienté. Elle commença à éprouver la présence de Dieu et en arriva vite à avoir des visions et à entendre des voix.

La plus grande entreprise de sa vie fut la réforme de l'ordre du Carmel. Elle se déplaça de couvent en couvent les réformant l'un après l'autre souvent contre forte opposition et presque sans argent.

Son œuvre principale, *Le Château de l'âme*, est une description détaillée des divers stades du développement mystique de l'individu. Elle représente l'âme comme un château qui abrite plusieurs demeures conduisant vers l'intérieur. Hors du château, couleuvres et vipères représentent les distractions mondaines et les fautes. Certaines persisteront dans la première demeure, qui représente la connaissance de soi et l'humilité, les bases de la vie spirituelle.

Dans la deuxième demeure l'âme entre dans la prière vocale puis dans la méditation et le recueillement accompagnés de sécheresse et de difficultés. Celles-ci doivent être endurées pour atteindre la quatrième demeure qui introduit l'âme au premier stade de prière mystique, la prière de quiétude. Cette dernière unit déjà directement l'homme à Dieu, mais imparfaitement. Le stade final, le « mariage spirituel », a lieu dans la septième demeure. Là, Dieu « veut que les écailles des yeux de l'âme tombent enfin », en lui donnant une vision dans laquelle la sainte Trinité se révèle.

Jean de la Croix

Saint Jean de la Croix (1542-1591) fut proclamé docteur de l'Église. Cet honneur repose sur son enseignement basé, comme celui de sainte Thérèse, sur sa propre expérience renforcée par sa science théologique.

Juan de Yepes naquit dans un petit village à une cinquantaine de kilomètres d'Avila. Il fréquenta le collège des Enfants de la Doctrine, puis suivit les classes dirigées par les Jésuites et entra au Carmel de Medina. En 1567, il fut ordonné prêtre.

La même année il rencontra sainte Thérèse qui cherchait des pères carmes susceptibles d'étendre son entreprise réformatrice à la branche masculine de l'ordre. Il accepta de se joindre à la réforme. Après s'être retiré près d'Avila, il dut partir à cause des difficultés survenues entre les carmes de l'Ancienne Observance et les réformés déchaux. Les premiers essayèrent de le ramener à eux. Sur son refus, ils utilisèrent la violence, l'enlevèrent dans la nuit du 3 décembre 1577 et l'emmenèrent dans leur propre monastère, où il fut fouetté, subit d'autres mauvais traitements, et fut forcé de revêtir l'habit de l'Observance. Puis il fut transféré à Tolède et sommé de choisir entre l'abandon de la réforme contre la promesse de postes élevés dans l'ordre, et un sévère châtiment s'il refusait. Il choisit le second parti et fut alors incarcéré. La torture physique qu'on lui affligea était aggravée de torture morale, car on ne cessait de lui répéter que la réforme était pratiquement finie et il n'avait aucun moyen de savoir ce que devenaient ses compagnons religieux.

Une immense fécondité spirituelle jaillit de ce temps d'intenses souffrances. Dans sa cellule, à Tolède, il écrivit ses premiers grands poèmes mystiques sur des bouts de papier qu'on lui avait permis d'utiliser et les trente premières strophes du *Cantique spirituel*. Puis il écrivit, *La Montée du mont Carmel* et *La Nuit obscure*. Le sommet du mont Carmel symbolise les hauteurs de l'union avec Dieu. Pour l'atteindre, il faut laisser derrière soi non seulement ce qui nous attache au monde des sens, mais absolument tout ce qui ne conduit pas directement à cette union.

Durant de longues années il se sentit anéanti et vécut dans une profonde angoisse. Ces purifications dureront plusieurs années. Mais toutes ces souffrances seront oubliées lorsque Dieu introduira l'âme dans les joies de l'union mystique qu'il décrit dans *Le Cantique spirituel* et dans *La Vive Flamme d'amour*. Le dernier stade, le mariage spirituel, apporte une transformation totale de l'âme en Dieu. L'âme est déifiée et devient Dieu.

HISTORIQUE DU ZEN

> Le Zen est une transmission spéciale
> en dehors des écritures,
> indépendante du mot et de la lettre,
> montrant directement le cœur de
> l'être,
> saisir sa propre nature et devenir
> Bouddha [5].

L'origine de l'histoire du Zen remonte directement à l'expérience du Bouddha Shakyamuni qui, au ve siècle av. J.-C., assis, dans une grande immobilité et un profond silence, dans la posture du lotus, sous l'arbre de la Bodhi, s'éveilla et devint Bouddha, celui qui sait. Bouddha est un qualificatif définissant l'état spirituel de ceux qui ont acquis la Bodhi, c'est-à-dire la connaissance supérieure et totale. Mais il ne s'agit pas d'une connaissance à saisir par le mental, mais d'une pratique, une expérience à la fois subjective et objective, une expérience à partir du corps.

Cette expérience de Shakyamuni est certifiée et transmise par les Maîtres zen comme l'éveil de tous les Bouddhas et Patriarches. C'est l'essence du Zen.

Juste avant de mourir le Bouddha Shakyamuni s'adressa à ses disciples :

> *Soyez vous-mêmes votre lampe, soyez vous-mêmes votre recours ; ne dépendez pas de quelqu'un d'autre... L'important dans mon enseignement, c'est que vous contrôliez votre esprit. Gardez votre corps droit, votre esprit et vos paroles sincères...*

> *Soyez vous-mêmes le Maître de votre esprit.*

> *C'est son propre esprit qui fait d'un homme un Bouddha ou qui en fait une bête. Trompé par l'erreur, on devient un démon. Éveillé par zazen, on devient un Bouddha. Par conséquent, contrôlez votre esprit et ne le laissez pas s'écarter du Noble Chemin.*

> *Conformément à mon enseignement, ayez du respect les uns pour les autres et évitez les disputes. N'imitez pas l'eau et l'huile qui se repoussent mutuellement : imitez plutôt l'eau et le lait qui peuvent se mélanger parfaitement.*

> *Étudiez ensemble, enseignez ensemble, pratiquez ensemble. Ne gaspillez pas votre esprit et votre temps en oisiveté et en querelles.*

> *Les enseignements que je vous ai donnés, je les ai trouvés en suivant moi-même le chemin.*

Il vous faut suivre ces enseignements et vous y conformer en toutes circonstances...

Mes chers disciples ! Ma fin approche. Notre séparation ne saurait tarder. Cependant, ne vous lamentez pas. La vie est un changement continuel et rien n'échappe à la dissolution du corps. Cela, je vais vous le montrer maintenant par ma propre mort, mon corps se dissolvant comme une charrette délabrée.

Ne vous lamentez pas vainement : émerveillez-vous plutôt de cette loi du devenir et apprenez ainsi combien vide est la vie humaine. N'entretenez pas le désir absurde de voir demeurer ce qui est transitoire.

Le démon des désirs mondains cherche toujours le moyen de tromper l'esprit. Si une vipère vit dans votre chambre, vous ne pourrez dormir tranquilles qu'après l'avoir chassée.

Il vous faut briser les liens des désirs mondains et les chasser comme vous le feriez avec une vipère. Il vous faut sérieusement protéger votre esprit.

Mes disciples ! Mon dernier moment est venu, mais n'oubliez pas que la mort, c'est seulement la dissolution de ce corps physique. Le corps est né des parents, il a grandi grâce à la nourriture : inévitables pour lui sont la maladie et la mort.

Le vrai Bouddha, lui, n'est pas un corps humain : c'est l'Éveil.

> *Un corps humain doit disparaître, mais
> la sagesse de l'Éveil demeure éternellement dans
> la vérité du Dharma, dans la pratique du
> Dharma. Celui qui voit seulement mon corps ne
> me voit pas réellement. C'est seulement celui
> qui accepte mon enseignement qui me voit
> réellement.*
>
> *Après ma mort, le Dharma sera votre
> maître. Suivez le Dharma et ainsi, vous me
> serez fidèles...*

Un jour, à Bénarès, pendant une confé-
rence, en guise de sermon, le Bouddha Shakyamuni prit une fleur et la fit tourner
délicatement entre ses doigts. Ses disciples
présents ne comprirent pas ce geste. Seul
Mahakashyapa sourit. L'esprit de Mahakashyapa était en parfaite unité avec celui de
son Maître. Alors le Bouddha lui dit : « Le
secret de mon enseignement, toi seul tu l'as
compris. Maintenant je te transmets le
Dharma, car tu l'as réalisé. »

A partir de là, commença la transmission
authentique de Maître à disciple en dehors de
la lettre et des mots, qui se poursuivit en Inde
à travers vingt-sept Patriarches jusqu'à
Bodhidharma qui amena en Chine, au VIᵉ
siècle, la vérité découverte par Shakyamuni.
Puis l'enseignement se transmit en se déve-
loppant profondément, sous le nom de

Tch'an, directement jusqu'au sixième Patriarche Eno (638-713).

Eno (Huei-neng), un jeune garçon qui avait perdu son père, fut élevé dans la pauvreté et la misère. Il gagnait sa subsistance et celle de sa mère en vendant du bois au marché. Il n'avait pas eu l'occasion d'apprendre à lire et à écrire.

Un jour, alors qu'il apportait du bois à un client, il entendit un moine réciter le *sutra du Diamant*. A ces mots : « Lorsque l'esprit ne demeure sur rien, le véritable esprit apparaît », il s'éveilla. Il décida alors de devenir moine. Il se rendit au temple de Maître Konin.

Un jour, Konin rassembla tous ses disciples et, afin de tester ce qu'ils avaient compris de l'enseignement, leur demanda d'écrire un poème. Tous laissèrent cette tâche à Jinshu, se sentant incapables. Jinshu, devenu moine à cinquante ans, jouissait parmi les disciples d'une grande réputation. Il était considéré comme premier disciple. Grand érudit, il connaissait parfaitement toutes les règles et cérémonies traditionnelles. Dans la nuit, Jinshu écrivit son poème sur le mur du temple.

> *Notre corps est comme l'arbre de la Bodhi.*
> *Notre esprit, comme le miroir précieux.*

Aussi devons-nous chaque jour l'épousseter
Afin que la poussière ne s'y dépose pas.

Si chaque jour on pratique, on finit par obtenir le satori. Pas à pas, c'est le Zen graduel tel que le concevait Jinshu.

Eno regarda ce poème et demanda à l'un de ses amis de lui en donner lecture.

« C'est un très grand poème ! Jinshu deviendra certainement le successeur de notre Maître », dit l'ami et il lut ce poème à Eno.

« C'est une erreur, s'insurgea Eno. Ce n'est pas le véritable Zen. Jamais notre Maître n'a enseigné de telles choses. J'ai entendu ses conférences, et je ne trouve pas dans ce poème l'essence de son enseignement. Écris-moi donc ceci :

Il n'y a pas d'arbre de la Bodhi
Ni de miroir précieux
Tout est vacuité (ku)
Où donc la poussière pourrait-elle se déposer ?

C'est le Zen immédiat.

A partir d'Eno cinq écoles commencèrent à se former : l'école Igyo avec des grands Maîtres comme Isan..., l'école Honen avec Gensha..., l'école Ummon avec Ryutan, Tokusan, Seppo..., l'école Rinzai avec Basho,

Obaku, Rinzai, Hakuin... et l'école Soto qui se perpétuera de Patriarche en Patriarche jusqu'à Maître Dogen qui, au XIIIe siècle, apportera cet enseignement au Japon, où il deviendra le Zen.

C'est auprès de Maître Nyojo que Dogen se rendit du Japon en Chine pour trouver la vraie source pure du Zen transmis, la véritable essence de l'enseignement qu'avait légué le Bouddha Shakyamuni.

Un jour, Dogen reçut un grand choc. Alors qu'il était assis en zazen, son voisin s'endormit. Nyojo d'une voix forte s'écria : « Zazen[6] c'est rejeter son corps et son esprit ! Pourquoi dormez-vous ? » Et il le frappa fortement et le fit tomber de son siège. En entendant ces paroles l'esprit de Dogen subit une révolution intérieure.

Shin jin datsu raku, rejeter son corps et son esprit. Dogen abandonna la conscience de son ego et s'éveilla totalement à la vérité universelle.

Après son retour au Japon il écrira : « Ayant seulement étudié avec mon Maître Nyojo et ayant pleinement réalisé que les yeux sont horizontaux et le nez vertical, je reviens chez moi les mains vides...

Matin après matin, le soleil se lève à l'est ; nuit après nuit, la lune s'enfonce à l'ouest... »

La vérité ne se situe pas en dehors de la vie

ordinaire et des phénomènes naturels. Elle est
là, présente à chaque instant. Et l'actualisation des phénomènes permet de la réaliser.

Puis Dogen écrivit le *Fukanzazengi,* les
règles universelles pour la pratique de zazen,
le point essentiel de son enseignement : Seulement s'asseoir dans une posture exacte sans
rechercher quoi que ce soit, en laissant passer
les pensées Zazen n'est pas une technique
pour obtenir un état particulier ou un mérite
quelconque. C'est en soi la réalisation de
l'éveil.

La lignée de la transmission du Zen soto se
poursuivit en passant par de remarquables
Maîtres japonais tels que Ejo (1198-1280),
Keizan (1267-1325)... jusqu'à Maître Kodo
Sawaki (1880-1965).

Kodo Sawaki, surnommé le moine « sans
demeure », tenta de donner un souffle nouveau au Zen en le sortant des temples figés
dans le formalisme de cette époque. Devenus
moines de père en fils, la plupart d'entre eux
avaient perdu l'authenticité de la Voie.

Kodo Sawaki eut autant de disciples laï-
ques que moines. Il était respecté et admiré
dans tout le Japon pour sa vie simple et libre.
Ayant toujours refusé de s'affilier à un temple, il mena une vie de moine errant. Suivi
par de fervents disciples, parmi lesquels Taisen Deshimaru, il divulgua son enseignement

aux quatre coins du Japon, des grandes villes aux bourgades de pêcheurs, des universités aux prisons.

En 1965, sur son lit de mort, il remit à Taisen Deshimaru son *kesa*[7] et ses bols, symboles de la transmission.

Puis la véritable expérience de zazen, telle que l'avaient enseignée tous les Maîtres de la transmission, fut apportée en France par Maître Taisen Deshimaru. De tout temps le Zen a toujours eu besoin d'une nouvelle terre pour se perpétuer.

Maître Taisen Deshimaru est né à Saga en 1914 dans une famille de samouraïs. Il fut élevé par son grand-père, Maître samouraï d'avant la révolution Meiji, et par sa mère, une dévote de la secte bouddhiste de la Terre pure, le Nembutsu. Mais le Nembutsu et le Christianisme qu'il étudia auprès d'un pasteur protestant ne le satisfaisaient pas. Il manquait à ses yeux une dimension pratique.

D'autre part, l'éducation moderne qu'il reçut à l'université de Yokohama ne prenait pas en compte la dimension spirituelle. C'est alors qu'il se concentra sur l'étude du Bouddhisme et en particulier les enseignements rinzaï dont il fut vite déçu. Sa quête le mena auprès de Maître Kodo Sawaki auprès duquel il étudia profondément, surtout à travers la pratique de zazen jusqu'en 1965.

Kodo Sawaki refusa de lui donner l'ordination de moine, malgré ses maintes requêtes, jusqu'en novembre 1965 où il l'appela à son chevet et lui dit :

« Je sens que je vais bientôt mourir. Il faut que tu prennes ma suite et que tu transmettes l'enseignement du Bouddha. Demain je me lèverai pour te consacrer moine.

Toi, mon héritier du Dharma, toi, qui connais le véritable enseignement du Bouddha, emporte-le en Occident, de sorte que le Zen puisse refleurir », telles furent ses dernières paroles.

En juillet 1967 Taisen Deshimaru arriva à Paris. D'abord accueilli par un groupe de macrobiotes, il n'avait dans ses bagages que l'enseignement transmis par son Maître. Tous les jours il continuait à pratiquer zazen seul et gagnait un peu d'argent en faisant des massages. Puis il commença à donner des conférences. Sa manière directe, son humour, sa force enthousiasmèrent ses auditeurs. Peu à peu les gens s'intéressèrent à la pratique de zazen et en 1968 se créa le premier dojo européen [8].

Des *sesshins* [9] s'organisèrent et d'autres dojos s'ouvrirent en province et à l'étranger. Dans son pays natal on commençait à parler de lui en tant que « Bodhidharma des temps modernes ».

Durant les quinze années qui suivirent il créa une centaine de dojos et fonda le premier temple d'Occident : « la Gendronnière » où, pendant les sessions d'été et d'hiver, plus de mille cinq cents personnes venues de pays différents se trouvent réunies.

A travers la posture de zazen et la concentration dans l'instant présent les participants renouent avec la tradition éternelle des grands Maîtres de la transmission du Zen. Le secret du Zen, la transmission au-delà des écritures, l'essence du Bouddhisme de Shakyamuni était transmise en Occident.

Maître Taisen Deshimaru décéda en 1982, laissant à ses disciples l'essence de son enseignement et la mission de transmettre à leur tour la pratique du Zen.

I

Témoignages

MAÎTRE TAISEN DESHIMARU

« Lorsque j'étais encore étudiant, j'ai reçu le baptême et chaque dimanche, je me rendais dans une église pour étudier la Bible en langue anglaise et chanter les textes sacrés du Christianisme. »

Taisen Deshimaru, ayant durant sa jeunesse profondément étudié le Christianisme et arrivant en France, sur une terre qui en est très imprégnée, a souvent enseigné l'essentiel qui relie ces deux courants spirituels.

Il fut, par exemple, très impressionné par les similitudes qu'il rencontra entre *les Règles de saint Benoît* et le Zen. Il dit :

« Dans son introduction saint Benoît écrit : " Parmi les moines ou les personnes qui pratiquent la Voie, on peut en distinguer quatre sortes :

— ceux qui dès leur jeune âge et jusqu'à leur mort ont choisi de vivre dans un monastère. Chaque jour, ils pratiquent le même travail et suivent des règles sévères,

— ceux qui n'aiment pas se mêler aux autres, qui veulent pratiquer seuls et éprouvent de l'autosatisfaction,

— ceux qui changent sans cesse de monastère, toujours à la recherche d'un nouveau Maître.

Toutes ces personnes prétendent rechercher la Voie, mais jusqu'à leur mort elles ne pourront la trouver.

— ceux qui en restant dans un monastère étudient, pratiquent puis sortent et plongent dans la forêt du social pour combattre les démons de la société. "

Ceux-là sont les vrais Bénédictins. C'est tout à fait l'esprit du bodhisattva du Bouddhisme mahayana, le Zen.

Puis, saint Benoît énonce d'autres points très importants : " Nous devons être exigeants avec nous-mêmes, dans notre propre éducation, mais nous montrer doux et bons avec les autres. Il faut être libre mais l'obéissance est primordiale. "

Embrasser toutes les contradictions, en faire constamment l'expérience, atteindre une plus haute dimension, ceci c'est le vrai Zen.

" Si vous voulez devenir réalisé, parfait,

vous devez donner vos biens aux pauvres. Ainsi vous obtiendrez un trésor du ciel. "

L'enseignement du Zen est tout à fait semblable.

" Si quelqu'un parle trop il ne peut pas se fixer sur cette terre. "

Dans un temple il est très important de suivre les règles, l'enseignement du Maître ou des anciens moines et de garder le silence.

Dans le Christianisme on assiste à la messe, l'action la plus haute de la journée. Dans le Zen on pratique zazen.

Saint Benoît ajoute : " Lorsque nous chantons à minuit, tout à cette heure est silencieux et les étoiles brillent dans le ciel. Alors Dieu rassemble ses saints et tous ses fils. La tâche nocturne s'accomplit, parfaite et profonde. C'est la prière idéale. "

Dans le Christianisme les hymnes, les chants dans la nuit et la profondeur du matin symbolisent l'évanouissement de la confusion de ce monde et la naissance de la lumière, l'illumination des cieux. A ce moment-là le Christ se réalise. On peut le reconnaître et le respecter avec un esprit clair, limpide, purifié, le chantant et le priant respectueusement de porter son regard sur nous. Dans le Zen, à travers zazen, nous revenons à la condition originelle. Quand nous pratiquons zazen, dans une posture juste, nous purifions notre

esprit, devenons complètement limpide,
transparent. Alors, notre véritable ego se
manifeste et nous pouvons devenir semblable
au Christ, ressusciter le Christ en nous-
même.

Saint Benoît dit aussi : " La solitude est ce
qu'il y a de plus noble. Et lorsque quelqu'un
entre dans la solitude il peut penser paisiblement à l'objet de son amour. "

Pendant zazen, dans le silence et la solitude
on peut devenir complètement intime avec
soi-même, alors que dans la vie quotidienne,
constamment dirigé par l'environnement, il
est difficile de se regarder profondément.
Dans la méditation chrétienne, à travers Dieu
on peut devenir intime avec son ego. Cette
relation d'intimité ressemble à celle du Zen
— mais dans le Christianisme on médite sur
Dieu. Dans le Zen on ne pense pas, même à
Bouddha ou au *satori*[1].

Saint Benoît écrit encore : " Il faut toucher
l'esprit avec l'esprit. " Cela est identique au
Zen : *I Shin den Shin*. De mon âme à ton âme.
De mon cœur à ton cœur. Ce sont mes
termes.

Et en conclusion, je dirais : De l'esprit de
Dieu à mon esprit. »

Dans ses carnets personnels Taisen Deshimaru note :

« En chinois et en japonais, l'idéogramme religion signifie : l'enseignement de la source, de l'origine, la vérité originelle de la vie de l'homme. La naissance, la vie, la mort, sont comme un océan où tous les hommes baignent et souffrent. Nous devons entrer, sauter dans cet océan, ce qui signifie que nous avons surmonté la peur. Le rôle des religions est d'apprendre à nager ainsi. Pourtant certaines religions individualistes ont peur de la vie et de la mort. Et même si on comprend qu'il faut entrer dans cet océan, on veut obtenir le satori seul, sans vraiment aider les autres. Le véritable bodhisattva plonge sans cesse dans l'eau de la vie pour aider les autres. Il a plongé et la mort ne l'effraie plus.

Un jour, Maître Dogo était allé à une cérémonie funéraire accompagné d'un de ses disciples. En désignant le cercueil celui-ci lui demanda : " Ceci est-ce la mort ou la vie ? " Dogo ne répondit rien. Le disciple s'enfuit et voyagea pendant dix ans. Puis il réalisa son erreur et revint auprès de son Maître pour lui demander pardon. Il avait réalisé que le cercueil est mort et non-mort, que la mort est vie, comme le bonheur, malheur. On veut toujours faire des catégories mais elles n'existent pas.

Faire zazen, entrer dans son cercueil,

revient à rentrer dans l'originel, dans l'avant-naissance, ou l'après-mort.

Abandonner l'ego signifie vivre en Dieu, revenir au vrai Dieu, au Dieu originel, et non pas celui défini par les concepts de l'homme. Dieu désigne la puissance ou le potentiel cosmique, l'énergie fondamentale et invisible. Mais ce ne sont là que des mots... On ne peut saisir Dieu comme entité substantielle. Le cosmos dans sa totalité est dépourvu de substance. La puissance cosmique fondamentale est de toute éternité, sans commencement ni fin, existence absolue et éternelle. Nous en sommes tous les fils, nous faisons partie du Tout cosmique. Nous devons nous éveiller à cette totalité. Pendant zazen, par la justesse de la posture, de la respiration, de la conscience, par l'abandon de l'ego, nous pouvons faire l'expérience de l'unité de notre corps et du cosmos : à ce moment-là, notre corps et le cosmos s'interpénètrent, la conscience est en parfaite unité avec le cosmos entier, et l'investit en totalité. En termes religieux, il s'agit de l'union divine ou la communion mystique.

Entre la communion divine du Christ et le satori du Bouddha Shakyamuni, sous l'arbre de la Bodhi, il n'y a guère de différences. Dans le cas du Christ, le pouvoir cosmique fondamental entra dans son corps. Régénéré par l'Esprit, Jésus devint le Christ-Fils-de-

Dieu, comme Shakyamuni, à l'aube du qua-
rante-neuvième jour de méditation, en
contemplant l'étoile du matin, devint Bouddha.

Jésus est la vérité cosmique. Ne l'enfer-
mons pas dans une vision étroite. Nous
devons nous-mêmes devenir existence de la
lumière cosmique, de la vérité qui inclut
toutes choses : le matériel, le spirituel, toutes
les catégories et toute la science. Il nous faut
aller au-delà de toutes les religions, de toutes
les philosophies, de tous les " ismes ". Nous
ne devons pas être exclusifs, pour aucun,
mais réunir toutes choses dans l'authentique
amour universel. C'est cela revenir au vrai
sens du Christ : véritable élan vital, modèle,
Dieu en l'homme et l'homme en Dieu.

Bouddha, Jésus deviennent identité dans
l'essence, en dernier ressort. L'idée de Dieu
doit contenir celle de Bouddha et l'idée de
Bouddha celle de Dieu. Il faut créer l'unité,
l'harmonie des religions, pour l'avenir. »

— Quelles sont les différences entre le
Christianisme et le Zen ? lui demanda-t-on.

« Si l'on pense qu'il y a des différences, il y
en a. Si on pense qu'il n'y en a pas, il n'y en a
pas. L'origine est la même, mais on veut
toujours faire des catégories.

Quand vous regardez du dehors, ils diffè-

rent complètement. Mais dans l'esprit profond, je ne trouve pas de différences. Ils sont
interdépendants. Le Bouddhisme a fortement
influencé certains théologiens chrétiens et
vice versa, certains pasteurs ont influencé le
Bouddhisme. Les deux influences ont été
profondes. Cela aboutit, dans l'essence, à une
seule et même religion. Le Zen, c'est vouloir
comprendre les racines de toutes les religions.
Le reste, c'est de la décoration. »

Et il ajoute encore :

« Le Zen c'est la vie. Et pour les personnes
qui pratiquent sincèrement le Zen, la vie
devient totalement une religion. Zazen, c'est
la plus haute religion, la religion avant l'apparition de la religion. La religion, c'est
revenir à l'éternel, à l'infini, à l'illimité,
revenir à l'originalité la plus complète. Cette
originalité, la véritable ultime dimension, est
Dieu lui-même. Il n'y a qu'une vérité cosmique. Dieu ne doit pas descendre à une
dimension inférieure, au monde du relatif. Si
Dieu doit se diviser en deux, il n'est plus
Dieu. Nous ne pouvons pas comprendre cela
par nous-mêmes, par notre savoir, par notre
propre sagesse ; nous devons comprendre par
la sagesse de Dieu.

L'originalité de l'existence humaine était
encore pure aux temps préhistoriques où la
pensée intellectuelle n'existait pas, ni le désir

égoïste. Aussi Dieu ne doit-il pas être pensé par les concepts de l'ego ni par le monde du langage. Dieu est au-delà du langage, du savoir, des concepts. Il n'est ni grand ni petit, ni semblable ni différent, ni mobile ni immobile, ni bon ni mauvais, ni agité ni tranquille, ni puissant ni sans puissance, ni existant ni non existant... Sans langage, ego, pensée et forme, dans le repos existe le vrai silence. Dans ce silence, Dieu vit, Dieu parle à Dieu.

Immobiles, en silence, là seulement se fait entendre la voix de Dieu. Nous ne devons pas partir de la pensée sur Dieu, nous devons partir de Dieu sans nous permettre de penser. Il nous faut séparer le Dieu qui a été imaginé par les hommes du vrai Dieu. Nous devons comprendre Dieu de la manière juste, trouver la voie juste qui mène à Dieu en dehors de la pensée. C'est seulement par Dieu que nous pouvons certifier qu'il est, seulement par Dieu que nous pouvons non pas comprendre Dieu, mais goûter Dieu. »

Soucieux d'une vie intérieure réelle et d'un équilibre spirituel que les religions occidentales ont quelque peine à procurer de nos jours, des chrétiens de plus en plus nombreux se tournent vers la pratique du Zen.

LE PÈRE ENOMIYA LASSALLE

Jésuite allemand, il a passé plus de la moitié de sa vie au Japon dans des monastères zen. Il écrit :

« Durant ma vie au Japon j'ai pratiqué zazen et j'ai trouvé la vraie religion. J'ai continué zazen et oublié le Christ. Pendant zazen j'ai trouvé le vrai Christ, Dieu, qui est différent de celui souvent enseigné dans le Christianisme. C'est un Dieu universel en qui je me suis découvert une foi profonde. Pendant zazen je fus étonné et impressionné de retrouver la foi fondamentale...

Sans zazen, l'étude de la théologie est très dangereuse pour les gens à l'époque actuelle. La pensée logique ou rationnelle doit être complétée par la pensée intuitive, sinon l'être humain n'a ni compétence ni qualification pour trouver la Vérité de l'être humain... [2] »

KAKICHI KADAWAKI

Jésuite japonais, il découvre une réelle parenté entre la vie religieuse chrétienne et la vie monastique zen en méditant les *Exercices spirituels* de saint Ignace de Loyola. Il écrit :

« C'est à travers les *Exercices spirituels* de

saint Ignace que j'ai obtenu la plus profonde connaissance du Christianisme en son essence et que j'ai appris comment le pratiquer avec mon corps. Plus tard, quand je me suis lancé dans la pratique du Zen, j'ai découvert que les *Exercices* et une sesshin du Zen se ressemblaient beaucoup. Et je pense même que beaucoup des enseignements reçus du Zen m'ont permis de renouveler ma pratique vivante des *Exercices*. (...) Le Zen m'a beaucoup appris, mais sa leçon la plus merveilleuse a été de me faire prendre conscience de l'importance du corps dans la vie religieuse. Jusqu'à présent, que ce soit dans la prière, le repentir ou la lecture de la Bible, le Christianisme n'a attaché que peu d'importance au corps. (...)

Ce que le Zen m'a aussi appris, c'est la purification complète du corps à travers le composé corps-souffle-esprit. Celui qui s'informe du Zen seulement par les livres pense souvent — et c'est faux — que le péché n'est pas un problème du Zen et qu'on ne s'y occupe pas de la purification et de la conversion. On sera surpris sans aucun doute si je dis que le Zen m'a enseigné ce en quoi consiste la purification complète. (...)

Vous vous efforcez d'atteindre la Grande Mort de tout le corps en utilisant la posture, le souffle et l'énergie. Il y faut tout au long une grande foi, un doute non moins grand, une grande ténacité dans la décision afin de parvenir aux plus profonds replis de l'esprit. Quand vous aurez traversé la Grande Mort, que vous serez éveillé à votre Visage Originel, vous réaliserez la nature essentielle du moi, qui est la racine commune de toute chose. C'est là en vérité la sagesse (*prajna*) qui transcende la raison et la volonté [3]. »

LE PÈRE BESNARD

Prêtre dominicain, il déclare :

« Dès le premier exercice pratique de zazen, dès le premier moment où je me suis assis vraiment, en essayant de faire ce silence et de prendre cette posture, quelque chose en moi s'est trouvé bien là et je me suis dit : Tiens, ça, c'est pour moi. Pratiquement depuis ce jour, je n'ai plus jamais arrêté de faire zazen quotidiennement. (...)

Zazen est vraiment l'enracinement dans l'immobilité. Cette descente en soi, ce retournement vers l'intérieur est voie d'approfondissement. Vivre pleinement cette expérience peut devenir transformation radicale de l'homme... Je crois qu'il y a deux données fondamentales dans la spiritualité chrétienne, qui rejoignent ce qui se vit dans le vide du zazen : le premier, c'est la perte de l'ego, notion pas tout à fait vue dans la même perspective, puisque pour l'Oriental l'impermanence du moi est une donnée fondamentale, tandis que pour un croyant il y a en effet un vieil homme, un moi superficiel, plein de vanité, de défauts, d'encombrements qu'il s'agit de lâcher, mais au bénéfice d'un moi très profond, qui sera justement l'interlocuteur de Dieu. En dernier ressort, il y a quand même une différence assez profonde, due à tout l'aspect plus personnaliste de l'Occident chrétien par rapport à l'aspect plus impersonnaliste, disons, de l'Orient. Mais dans un premier temps on peut dire qu'au niveau de l'ascèse pratique, cela revient un peu au même. Quand je me mets en zazen, si je veux effectivement que cette pratique ait son sens, aussi bien pour le Zen que pour la foi chrétienne, il s'agit bien de " laisser tomber " de " lâcher prise " sous toutes les formes où je peux le ressentir dans mon corps, dans mes muscles, dans mes crispations, cet ego superficiel, ce vieil homme. Dans un tel lâcher-prise la perte de l'ego est vécue comme une espèce de mort. Souvent les gens du Zen rappellent cela, quand vous vous mettez en zazen, vous rentrez vivant dans votre tombe, votre cercueil...

Cette expérience est vécue un peu comme

cela, psychologiquement, parce que, par l'acte d'abandonner ce moi encombrant qui nous colle tellement à la peau, on a l'impression de tomber dans le vide. Voilà déjà un premier point. Puis, le deuxième point, c'est le silence, donc au contraire l'acte d'un très grand recueillement, parce que ce vide, au point où j'en suis pour ma part, est souvent vécu, en effet, comme une espèce de silence, de plénitude, de silence où il n'y a rien ; mais quand je dis il n'y a rien, en fait il n'y a rien pour un certain mental qui voudrait se dire des choses, saisir des choses, etc.

En fait, on perd tout cela, mais on est présent finalement à soi-même, très intensément, au fond. On est là, dans l'instant.

Si on voulait prendre tous les points d'apparentement entre la spiritualité chrétienne et le Zen, il y en aurait aussi deux autres que je vois immédiatement ; le premier, c'est cette spiritualité de l'instant présent : on trouve par exemple chez un auteur très célèbre il y a quelques siècles, un jésuite, le père de Caussade, toute une spiritualité de l'abandon à la providence. C'était, dans un vocabulaire vieux chrétien, une expérience d'abandon à l'instant présent, dans la conviction que cet instant présent était toujours dans les mains de Dieu, donc qu'on tombait toujours dans les mains de Dieu. Comme une espèce de confiance totale dans le fait que Dieu est là, à chaque instant, et que par conséquent on peut s'abandonner, se " lâcher " et vivre l'instant présent. On retrouve cette spiritualité de l'instant présent en ligne constante dans la tradition chrétienne; j'ai vu une grande analogie entre cette spiritualité de l'instant présent, ce " ici et maintenant ", et une autre conception chrétienne souvent mal comprise : la notion de l'indifférence; soit, arriver à ce stade où, par rapport à tous les désirs que je peux avoir, je deviens indifférent. On a compris cela à l'époque moderne en le psychologisant, et on s'est donc insurgé contre cette spiritualité en disant " mais comment puis-je être indifférent au monde? ". En réalité, non, il faut au contraire que je ne sois pas du tout indifférent mais passionné par ce que j'ai à faire, les êtres qui m'entourent, etc. Néanmoins, si on se met à ouvrir les vieux auteurs qui parlaient de cette indifférence, de cette feinte indifférence comme ils disaient parfois, qui est justement la sainte indifférence, on trouve qu'il y a équivoque, car ils ne voulaient pas du tout dire qu'on ne devait plus aimer les gens, qu'on se désintéressait du monde en montant dans sa tour d'ivoire; je crois au contraire que ce qu'ils voulaient énoncer était quelque chose d'un peu analogue à ce qu'enseignent les gens du Zen, quand ils disent que, par ce vide, vous devenez en effet détaché ; je ne sais pas s'ils emploieraient le mot d'indifférence, mais on trouve là un même détachement total ; dont nous savons bien que voilà un détachement qui se veut être encore mieux présent à l'instant, à l'événement, à l'être qui est là. Il n'est pas impossible que, au fur et à mesure que l'on en ferait l'expérience et que l'on ouvrirait ces vieux ouvrages de spiritualité, l'Église découvre là un nouveau rapprochement. Parce que je crois qu'un des malheurs de la spiritualité occidentale est de s'être perdue ; cela remonte à loin, cela remonte à l'âge de ce qu'on appelle le monde moderne, c'est-à-dire le monde de la subjectivité ; là on s'est un peu perdu dans cette subjectivité qui est devenue psychologisée, introspective, abstraite, sans plus de repère. Depuis cette époque moderne, l'Église s'est montrée assez ignorante, de l'inconscient et du corps ; or les deux sont liés parce que, quand on se remet dans son corps, on redécouvre pas mal de mécanismes inconscients de l'état de veille. Donc la spiritualité elle-même n'avait plus aucun repère, s'était perdue dans son essence et ne devint plus alors qu'affectivité sentimentale, raisonnements qui ne s'accrochaient plus sur rien et tournaient au bavardage. Et le Zen nous permet peut-être de retrouver cette profondeur, ces ancrages [4]... »

PIERRE-FRANÇOIS DE BÉTHUNE

Moine bénédictin, il écrit :

« Zazen est la forme la plus pure et comme l'archétype de la voie initiatique de maturation spirituelle en Orient. L'image du Bouddha assis en méditation y exerce toujours une grande force d'attraction, par-delà les cultures et les religions, car c'est exactement cette figure si vénérée que le méditant asiatique veut rejoindre : " La Voie de Bouddha, aussi sublime soit-elle, je forme le vœu de l'atteindre [5]. "

Sans perdre de vue ce contexte, je voudrais à présent essayer de décrire par l'intérieur l'expérience de la méditation zazen. On peut résumer la méthode en trois étapes : tenir une posture pour y cultiver le silence ; être présent à sa respiration et y concentrer l'énergie de la foi ; amener ainsi le mental à se pacifier en accueillant le vide. L'exercice est très élémentaire, trop simple même au jugement de certains, mais il peut mener très loin celui qui persévère. (...)

Concrètement, la méditation zen consiste d'abord à durer dans cette posture assise, en renonçant à toutes les façons d'être ailleurs qu'ici et maintenant. Il s'agit de se mettre dans une posture propice à calmer le corps, la respiration, le mental, sans chercher à polariser cette attention sur un objet de méditation, si édifiant soit-il, mais en sachant que le silence est nécessaire pour oxygéner l'intériorité. Alors, peu à peu le calme vient. Au début, bien sûr, les pensées, les images, les désirs s'agitent en tous sens, mais avec le temps une décantation s'opère : l'immobilité permet au cœur de faire la part des choses. Mon Maître Sochu Roshi plaçait quelquefois à côté de lui un verre d'eau trouble au début de la méditation, puis il demandait de venir voir à la fin en ajoutant : " Il en va de même pour notre cœur. " Une écume apparaît, et un dépôt, mais aussi la pureté originelle de l'eau. (...)

La méditation zen n'est pas uniquement statique et à la limite résignée. Il est temps d'évoquer une autre conviction de base du Zen : cette voie est un engagement dans un mouvement de transformation continuelle. Zazen est à proprement parler une expérience de foi, au sens subjectif du mot. C'est un abandon au flux de la vie toujours mouvante, un renoncement à toute emprise sur quoi que ce soit et une détermination à constamment dépasser une manière encore trop limitée d'être au monde.

La tradition spirituelle occidentale vit surtout l'expérience de foi comme une stabilité, un propos à tenir fermement. Aussi la pratique du Zen provoque-t-elle parfois une réaction de peur chez les chrétiens. Chez ceux qui sont bien ancrés dans leur foi, cette rencontre peut toutefois apporter un surcroît de vie, car elle permet de développer un aspect complémentaire de la foi chrétienne.

Mais restons-en pour le moment à la description du Zen. La posture est très ferme, on l'a vu, mais elle est accompagnée d'une respiration très souple et naturelle, presque imperceptible. Une des originalités du Zen est de situer de façon précise le lieu du combat spirituel : c'est dans le *hara*, le niveau de la respiration la plus profonde, que se passe la transformation. (...)

Si l'on consent à passer par le silence de la posture et la foi de la respiration tels qu'ils sont vécus dans la tradition zen, on rencontrera immanquablement l'expérience du vide ou du désert intérieur.

En Occident, nous avons une horreur instinctive du vide. La tradition chrétienne connaît cependant une expérience analogue, la *kenosis*, ce dépouillement fondamental par lequel le Christ est passé, mais elle n'a pas été développée chez les chrétiens, du moins explicitement. (...)

La vacuité n'est pas un but à atteindre, car elle n'est pas une réalité hors de nous-mêmes. C'est en ce sens que zazen est une méditation sans objet. Il n'y a pas d'intentionnalité : " Les oies sauvages ne veulent pas projeter leur image ; l'eau de l'étang ne cherche pas davantage à la refléter[6]. "

Ainsi cette méthode permet le développement des espaces intérieurs et une vie plus intense à ce niveau, toujours dans la présence de toute la réalité.

Du niveau physique au niveau mental, une même attitude sabbatique, au sens très large du mot, unifie toute la personne, mais c'est encore le niveau intermédiaire, la respiration, qui l'exprime le mieux. Et dans le mouvement de la respiration, c'est l'expir qui est le plus important. Si le processus physiologique de la respiration commence par l'inspir, l'expérience spirituelle commence par l'expir, l'abandon total. Tel est le sens de cette méditation : se tenir au plus creux de la vacuité pour coïncider le plus exactement avec ce moment de la création éternelle dans notre vie quotidienne. (...)

Le développement le plus important que l'expérience méditative peut apporter à la vie spirituelle chrétienne concerne l'attitude face au mystère. En cultivant plus systématiquement le silence, le chrétien situe les réalités de la foi sur leur fond d'inconnaissance. Je cède ici la parole à un chartreux qui pratique zazen depuis de nombreuses années : " En général, les chrétiens s'intéressent seulement à l'aspect positif de Dieu : créateur, rédempteur, providence, justice, amour, lumière. Le silence zen nous permet de vivre aussi et pleinement la face négative de Dieu absolu et transcendant. Il ne suffit pas de confesser théoriquement que Dieu transcende notre pensée ; il faut aussi vivre et mettre en pratique notre foi en son impensable transcendance, en réalisant en nous l'état de non-pensée et de silence absolu, sans abandonner pourtant la prière qui s'adresse à sa face personnelle de Créateur et Rédempteur. Un jour, la grâce d'illumination nous manifestera l'unité inconcevable et supra-logique des deux faces, positive et négative, extérieure et intérieure, du mystère de Dieu, Dieu qui se révèle en restant irrévélable et entre en relation en demeurant l'absolu transcendant. C'est en pratiquant à la fois le Zen et l'oraison que le chrétien développe pleinement sa foi en Dieu absolu et créateur. " [7] »

LE CARDINAL LERCARO

Archevêque de Bologne, dans son livre *Les Méthodes d'oraison mentale*, il écrit, en conclusion : « Les méthodes d'oraison sont nombreuses et variées. Nous pouvons donc espérer que de nouveaux Maîtres proposeront de nouvelles méthodes qui répondent peut-être mieux, s'il est nécessaire, aux besoins propres de la spiritualité moderne. »

Tout au cours de son livre, Lercaro ne cesse de les énumérer et de les développer prétendant qu'elles sont absolument nécessaires, et qu'au cours de l'histoire elles ont rendu les plus grands services à l'Église. Elles se rattachent aux grands noms de Vincent de Paul, Ignace de Loyola, François de Sales, Thérèse d'Avila... qui insistent sur la nécessité d'une pratique pour l'oraison.

Le décret du concile Vatican II sur les religions non chrétiennes annonce : « L'Église catholique ne rejette rien de ce qui est vrai et saint dans les religions non chrétiennes. Elle considère avec un respect sincère ces manières d'agir et de vivre, ces règles et ces doctrines qui, quoiqu'elles diffèrent en beaucoup de points de ce qu'elle tient et propose, cependant apportent souvent un rayon de la vérité qui illumine tous les hommes. »

La Vérité est accueil. L'hospitalité est le chemin de la Vérité. De fait, la rencontre d'autres croyants peut éveiller dans l'être qui écoute de nouvelles harmoniques et confirmer sa foi.

Les théologiens catholiques ont pour la plupart considéré le Bouddha Shakyamuni comme un sage éminent et un prophète, un homme suscité par Dieu lui-même pour une mission bien précise, à une époque particulière, dans un peuple donné. C'est avec le même respect que Maître Taisen Deshimaru, en 1976, reçut un livre du Vatican *La Montagne de paix* sur les règles de saint Benoît, de Van Straelen, avec la dédicace suivante : « Au Roshi Taisen Deshimaru. Éveilleur des esprits et des corps. Contemplatif qui médite avec tout son être. Qui règle sa vie comme saint Benoît, Maître des moines zen d'Occident et Patron de l'Europe, pour obtenir la paix des cœurs dans l'harmonie des intelligences dont le jugement pèse et juge le poids et la force d'un être à la mesure de l'amour pour aider à atteindre l'unique nécessaire, l'immortaliser et le réduire à l'unité dans l'infini. Avec ma profonde admiration. »

II

Rencontres entre Zen et Christianisme

La pratique du Zen peut-elle approfondir la prière chrétienne, permettre une meilleure compréhension des Écritures, faciliter la foi religieuse, la faire renaître lorsqu'on la croit perdue ? L'expérience du satori peut-elle enrichir le contenu de la foi ? Le Zen peut-il devenir un ferment pour la connaissance de Dieu ?

SE CONNAÎTRE SOI-MÊME

Le Zen et le Christianisme préconisent avant tout une aventure intérieure qui n'est pas coupée de la vie mais y plonge ses racines. En soi-même se trouve la Vérité, la réponse à toutes les questions.

L'une des dernières paroles du Bouddha Shakyamuni fut : « Soyez à vous-même votre propre flambeau. » Et le Christ n'a-t-il pas dit : « Le Royaume n'est ni futur ni dans le ciel, mais au-dedans de vous ? »

Cette même pensée s'approfondit dans l'Évangile de Thomas [1] :

Le Royaume : il est à l'intérieur de vous,
et il est à l'extérieur de vous.
Quand vous vous connaîtrez vous-mêmes, alors
vous serez connus et vous connaîtrez
que vous êtes les fils du Père, le Vivant ;
mais si vous ne vous connaissez pas vous-mêmes,
vous êtes dans le vain,
et vous êtes vanité.

Dans le *Genjo Koan* [2] Maître Dogen écrit :

Étudier la Voie du Bouddha
c'est s'étudier soi-même.
S'étudier soi-même, c'est s'oublier soi-même.
S'oublier soi-même, c'est se dépouiller de son corps
et de son esprit et dépouiller autrui de son ego.
Se dépouiller de son corps et de son esprit
et dépouiller autrui de son ego,
c'est être certifié par toutes les existences du
cosmos.
Et les traces du satori s'effacent
mais leur influence se perpétue pour l'éternité.

Zazen, c'est se regarder dans le miroir de son propre esprit, se voir en profondeur. Durant zazen, on passe de l'observation à la concentration et réciproquement, observation de son corps et de son esprit, concentration sur la posture et la respiration. Ainsi peut-on complètement concentrer toutes les énergies de son corps et de son esprit, tout en abandonnant totalement son corps et son esprit et en libérant les autres des pensées et des images qu'on a d'eux. C'est être certifié par toutes les existences du cosmos, se fondre dans l'unité, devenir un avec l'énergie cosmique. Toutefois « les traces du satori s'effacent mais leur influence se perpétue pour l'éternité ».

Zazen, c'est non seulement se regarder soi-même mais s'harmoniser inconsciemment, naturellement, automatiquement avec le grand mouvement de la nature, avec le grand mouvement du cosmos. Ainsi, cette posture permet d'atteindre une dimension au-delà des petits phénomènes de la vie et de réaliser le secret de l'être humain. Les Maîtres zen disent : « Zazen lui-même est Dieu ou Bouddha. »

Pour Maître Eckhart, la connaissance de Dieu passe par la connaissance de soi car Dieu est caché en nous.

« Il est dans l'âme une puissance qui ne

touche ni au temps ni à la chair, elle flue de l'esprit et demeure dans l'esprit, elle est absolument spirituelle. Dans cette puissance Dieu verdoie et fleurit absolument dans toute la joie et tout l'honneur qu'il est lui-même [3]. »

« Personne ne peut connaître Dieu s'il ne se connaît lui-même. Il doit pénétrer dans ce qu'il a de plus bas et dans ce que Dieu a de plus intérieur, il doit pénétrer dans ce qui est premier et le plus élevé en Dieu, car là se concentre tout ce que Dieu peut réaliser [4]. »

C'est pour cela que l'on ne doit pas se tourner vers l'extérieur.

« On ne doit pas saisir ni considérer Dieu comme extérieur à soi, ça n'est pas bien [5]. »

Cette connaissance s'obtient en tournant son regard vers l'intérieur.

« L'âme a deux yeux : l'un intérieur l'autre extérieur. L'œil intérieur de l'âme est celui qui regarde dans l'être et reçoit son être de Dieu sans aucun intermédiaire. C'est son opération propre [6]. »

L'être de celui qui scrute son être propre est l'image exacte de l'être de Dieu si bien que :

« quand l'âme reconnaît qu'elle connaît Dieu elle acquiert en même temps la connaissance de Dieu et d'elle-même [7] ».

« Le fond de Dieu est mon fond, et mon fond est le fond de Dieu. Ici je vis selon mon être propre comme Dieu vit selon son être propre [8]. »

« Nulle part Dieu n'est plus spécifiquement Dieu que dans l'âme [9]. »

Alors, pas plus que le corps et l'esprit ne sont séparés Dieu et l'âme ne sont séparés.

« Dieu est dans l'âme et l'âme est en Dieu [10]. »

« Dieu et l'âme sont tellement un que Dieu ne peut avoir aucune propriété ou qu'il existe quelque chose qui le sépare de l'âme [11]. »

Ainsi se connaître soi-même, connaître son propre fond et connaître Dieu sont la même chose. Ce fond de l'âme qui est aussi le fond de Dieu lorsqu'il regarde au fond de lui-même (ou de nous-mêmes, ce qui est pareil) est inexprimable, ne ressemble à rien.

« L'âme est inexprimable et indicible lorsqu'on la considère dans son propre fond [12]. »

S'observer soi-même, arrêter de se mentir, sortir de son rêve, lâcher prise, métamorphoser son corps et son esprit. Pour faire comprendre la nécessité de cette voie, le mystique Richard de Saint-Victor dit : « L'esprit qui ne s'est pas exercé à la connaissance de lui-même et qui n'en est pas pénétré, ne s'élève pas à la connaissance de Dieu. (...)

Que l'homme essaie d'abord de connaître

son propre invisible, avant de vouloir scruter l'invisible de Dieu. Si tu ne peux pas te connaître toi-même, comment oseras-tu prétendre saisir ce qui est au-dessus de toi ? »

En soi-même se trouve le miroir principal pour contempler Dieu. Ainsi l'homme sage poursuit-il son chemin en sachant se détacher du monde, se tourner vers lui-même, vivre le silence pour accéder à une nouvelle dimension de la vie.

LE SILENCE

« Du silence s'élève l'esprit immortel. Silencieuse, la conscience éternelle continue, en deçà de notre naissance, au-delà de notre mort. Être silencieux c'est revenir à l'origine de la nature humaine. Faire appel au silence, puis à partir du silence parler. La parole devient profonde, le mot juste », disait Maître Deshimaru.

Bodhidharma fonda la pratique de son enseignement sur le principe de transmettre l'Esprit par l'Esprit, au-delà des mots, et ce afin d'éveiller l'essence même de l'esprit humain, cette nature de Bouddha qui se trouve en chacun de nous.

Maître Deshimaru employait souvent l'expression *i shin den shin*, « de mon âme à ton

âme », « de mon cœur à ton cœur », définissant, comme tous les Maîtres de la transmission, la plus grande communication entre
deux êtres.

Dans un petit temple perdu dans la montagne, quatre moines méditaient en zazen. Ils
avaient décidé de faire une sesshin dans le
silence absolu.

Le premier soir, pendant zazen, la bougie
s'éteignit, plongeant le dojo dans l'obscurité
profonde. Le moine le plus nouveau dit à mi-
voix :

« La bougie vient de s'éteindre ! »

Le deuxième répondit :

« Tu ne dois pas parler, c'est une sesshin
de silence total. »

Le troisième ajouta :

« Pourquoi parlez-vous ? Nous devons nous
taire et être silencieux ! »

Le quatrième qui était le responsable de la
sesshin conclut :

« Vous êtes tous stupides et mauvais, vous
brisez la règle, vous avez parlé ! »

Seule la lune par la fenêtre restait silencieuse.

Calme et tranquille
Vraie sérénité.

Dans le *Tao Te King,* Lao Tseu dit :

Plein du seul vide
ancré ferme dans le silence
la multiplicité des êtres surgit
tandis que je contemple leurs mutations.
La multiplicité des êtres
fait retour à sa racine.
Revenir à sa racine
c'est atteindre le silence,
le calme permet de trouver son destin.
Retrouver son destin renoue avec la forme.
Renouer avec la forme amène l'éveil.
Ne pas connaître l'éveil
conduit à la confusion.

Un jour, peu de temps avant sa mort, un disciple demanda à Maître Deshimaru :
« Really, what is about silence [13] ? »
Il haussa les épaules puis répondit :
« In silence cosmic order can penetrate [14]. »

« Tous les grands sages de l'humanité nous disent que pour aller au-delà de soi-même, il s'agit de savoir faire silence en soi-même, que pour guérir son esprit il s'agit avant toute chose de calmer ce que dans le Zen on appelle le cheval fou, il s'agit de chevaucher le tigre, ce tigre de notre esprit qui, si on ne le chevauche pas, nous dévore. Ainsi, dans le silence retrouvé en soi, on fait unité avec l'énergie qui anime le cosmos et nous meut.

Le silence, écoute au plus profond de nous-mêmes, est une communion avec l'invisible [15]. »

LE RECUEILLEMENT ET LA RETRAITE

La véritable aventure intérieure commence dans le recueillement.

« Vous devez abandonner une pratique fondée sur la connaissance intellectuelle, courant après les mots et vous en tenant à la lettre. Vous devez apprendre le demi-tour qui dirige votre lumière vers l'intérieur pour illuminer votre vraie nature. Le corps et l'esprit s'effaceront d'eux-mêmes et votre vrai visage apparaîtra », écrit Maître Dogen dans le *Fukanzazengi,* les principes de zazen.

Assis en zazen, on laisse les images, les pensées, les formations mentales surgies de l'inconscient passer, sans s'y opposer, sans les entretenir. Comme des ombres devant un miroir, les émanations de l'inconscient passent, repassent et s'évanouissent.

Dans l'eau de l'esprit
sans souillure
même les vagues s'y brisent
et se transforment en pure lumière [16].

Ainsi arrive-t-on à l'inconscient profond, au-delà de toute pensée. C'est *hishiryo*, l'art essentiel de zazen. Penser du tréfonds de la non-pensée. Dans la condition d'*hishiryo* la pensée s'approfondit, s'étend, s'élargit à tout le cosmos. *Hishiryo* est l'état au-delà de notre conscience personnelle. C'est le samadhi du Zen, *zanmai*.

Hishiryo, n'est pas une condition spéciale de l'esprit, un état particulier, c'est au contraire l'état naturel qui ne repousse rien et inclut toutes choses.

Dans le *Komyozo zan mai*, le samadhi du grenier de la grande sagesse, Maître Ejo exprime l'état d'esprit durant zazen.

« Je ressens un profond respect du tréfonds de ma compassion pour vous qui continuez la pratique de zazen dans l'état d'esprit que je vais décrire :

Sans saisir quoi que ce soit, ni avoir aucun but, sans être influencés par votre intelligence personnelle, sans montrer de suffisance par rapport à l'expérience que vous avez acquise dans le dojo [17] avec toute l'énergie de votre corps et de votre esprit, précipitez-les totalement dans *Komyozo*, sans vous retourner vers l'arrière pour regarder le temps.

Ne recherchez pas le satori. N'essayez pas d'écouter *Mayoi*, les phénomènes illusoires.

Ne haïssez pas les pensées qui surgiraient, ne les aimez pas non plus et surtout ne les entretenez pas. De toute façon, quoi qu'il en soit, vous devez pratiquer la grande assise, ici et maintenant. Si vous n'entretenez pas une pensée, celle-ci ne reviendra pas d'elle-même. Si vous vous abandonnez à l'expiration et laissez votre inspiration vous remplir en un harmonieux va-et-vient, il ne reste plus qu'un *zafu* [18] sous le ciel vide, le poids d'une flamme.

Si vous n'attendez rien de ce que vous faites et refusez de considérer quoi que ce soit, vous pouvez tout couper seulement par zazen. Même si les quatre-vingt-quatre mille *bonnos* [19] vont et viennent, si vous ne leur accordez pas d'importance et les abandonnez à eux-mêmes, à ce moment-là, de chacun d'entre eux, l'un après l'autre et tous ensemble, pourra surgir le merveilleux mystère du grenier de la grande sagesse.

Il n'y a pas seulement le *Komyo* du temps de zazen. Il y a aussi celui qui, pas après pas, acte après acte, vous fait progressivement voir que chaque phénomène peut être réalisé immédiatement, automatiquement, indépendamment de votre intelligence propre et de votre pensée personnelle. Telle est la véritable et authentique certification qui existe sans déranger la manifestation de *Komyo*.

C'est le pouvoir spirituel du non-agir par

la lumière qui s'illumine d'elle-même. Ce *Komyo* est originellement non-substance, non-existence. C'est pourquoi, même si beaucoup de Bouddhas le réalisent dans ce monde, ils ne sont pourtant pas de ce monde. Et étant dans le nirvana, ils n'y sont cependant pas non plus.

A l'heure de votre naissance, *Komyo* n'existait pas. A celle de votre mort, il ne disparaîtra pas.

Du point de vue de l'état de Bouddha, il n'augmente pas. Du point de vue des sens, il ne diminue pas.

De même que lorsque vous avez des illusions ou des doutes, vous ne pouvez pas poser la bonne question, quand vous avez le satori, vous ne pouvez l'exprimer.

Moment après moment, ne considérez rien avec votre conscience personnelle. Vingt-quatre heures sur vingt-quatre, vous devez avoir le calme et la grande tranquillité des morts. Ne pensez à rien par vous-mêmes. Ainsi pratiquant l'expiration et l'inspiration, votre nature profonde comme votre nature sensitive deviendront inconsciemment, naturellement non-savoir, non-compréhension.

Dès lors, tout pourra devenir naturellement calme, rayonnement de *Komyo*, dans l'unité de l'esprit et du corps. C'est pourquoi, quand nous l'appelons, il devrait répondre rapidement. C'est un seul et même

Komyo qui harmonise en un tout les gens du satori et ceux des illusions. Ainsi, même si vous vous mettez en mouvement, ce mouvement ne devrait pas vous troubler. Et la forêt, les fleurs, les brins d'herbe, les animaux, les êtres humains, tous les phénomènes — qu'ils soient longs, courts, carrés ou ronds — pourront être réalisés immédiatement, automatiquement, indépendamment de votre intelligence propre et de l'action personnelle de votre pensée.

Ne vous attachez ni aux vêtements ni à la nourriture ou à la maison.

Ne succombez pas au désir sensuel ou à l'attachement de l'amour qui sont pareils aux pratiques animales.

Inutile de questionner les autres au sujet de *Komyo*, car leur *Komyo* ne peut vous être d'aucune utilité.

Originellement ce samadhi est le saint dojo, pareil à l'océan de tous les Bouddhas. C'est donc le plus grand et le plus saint de tous les sièges transmis directement de Bouddha en Bouddha à travers la sainte pratique universelle. Étant à présent vous-mêmes disciples du Bouddha, vous devez faire tranquillement zazen sur son siège.

Ne vous asseyez pas sur le zafu infernal, le zafu *gaki*[20], animal ou *asura*[21] ni même celui des *shomon*[22] ou des *engaku*[23]. Aussi ne pratiquez que *shikantaza*[24]. Ne gaspillez pas votre temps. Voilà ce qu'on appelle l'authentique esprit du dojo et le vrai *Komyozo* samadhi, le merveilleux et splendide satori.

Ce texte ne doit être lu que par les véritables disciples de Maître Dogen, ceux qui ont la permission d'entrer dans sa chambre.

Je l'ai écrit pour mes compagnons de zazen afin qu'ils n'aient pas de points de vue erronés, autant pour me perfectionner moi-même que pour éduquer les autres. »

Écrit par Ejo sous le règne de l'empereur Gouta.
Dans le plus profond respect au temple de Eiheiji
Le 28 août 1278.

« Vous devez agir avec tout votre corps et tout votre esprit, rejeter toutes choses et ne pas regarder en arrière. » *Komyo* est la vraie foi.

Dans le Zen il n'y a pas d'objet, *mushotoku*, sans but ni esprit de profit. Il y a seulement dans l'esprit le fait que l'esprit véritable est relié au cosmos tout entier.

« Se fixer un seul objet, avoir le moindre préjugé, la plus infime pensée, poursuivre un but, le plus ténu soit-il, nous éloigne inéluctablement de l'authenticité de zazen. Que l'on croie pratiquer le Zen en demeurant moine, en respectant les préceptes, en suivant une pratique rigoureuse, s'il persiste le moindre objet, on ne fera que se commettre dans l'erreur, sombrer dans une attitude mortificatoire et égoïste, ou pour le moins dogmatique[25]. »

Pratiquer sans but, ne pas rechercher ou fuir quoi que ce soit, simplement être assis tranquillement, concentré sur une posture et une respiration exactes. L'esprit devient pur miroir, le lac oublié au fond de la forêt qui reflète la lune, sans une ride.

Le samadhi est une expérience d'unité qui se réalise inconsciemment au moment opportun. Si on en prend conscience l'unité est brisée. Simplement être pleinement concentré, durant la pratique de zazen ou sur chacun de ses gestes dans la vie quotidienne. On est alors intérieurement détaché de façon parfaite. « L'acte absolu de tous les Bouddhas est de réaliser chaque action en tant que Bouddha lui-même, telle est la vraie réalisation de la voie des Bouddhas[26]. »

La retraite

Se retirer du monde où sans cesse on est sollicité est un moment favorable pour réaliser cette expérience d'unité. La retraite catholique se pratique dans un monastère ou un endroit isolé de tout contact avec le monde extérieur. Tout, y compris les repas et le travail manuel, est fait de silence et on se consacre à la prière.

Ignace de Loyola dit : « Le retraitant ainsi délivré, n'ayant pas l'esprit partagé entre mille objets, pourra reporter tout son soin sur un seul : le service de son créateur et le bien de son âme. Il usera de ses facultés naturelles plus librement pour trouver avec soin ce qu'il désire tant [27]. »

Pour le moine zen, en dehors de sa pratique quotidienne de zazen, il existe des laps de temps où il se retire pendant quelques jours, une semaine ou plus, durant une sesshin, pour se consacrer surtout à la pratique de zazen et au travail manuel, le *samu,* dans la plus grande concentration et le silence.

Le *samu* est très important chez les moines zen. On travaille avec le même esprit que durant zazen, sans but, ni esprit de profit, seulement être pleinement dans ce que l'on fait. Toute cette atmosphère crée un climat propice à l'approfondissement de la vie spirituelle et de nombreux apophtegmes zen racontent comment un moine obtint le satori pendant le travail manuel. Maître Eno (Huei-neng) le sixième Patriarche zen réalisa l'éveil, alors qu'il portait du bois, en entendant réciter un verset du *sutra du Diamant :*

« Lorsque l'esprit ne demeure sur rien le véritable esprit apparaît. »

L'expérience de Dieu ou l'éveil, le satori du Zen est en soi incommunicable. « Elle est celle de la liberté de l'Esprit qui illumine l'homme et lui permet d'accéder à sa vérité. Aussi, ce qui est communicable, ce n'est pas l'expérience elle-même de la présence transformante de l'Esprit de Dieu, mais les chemins, la manière de procéder grâce à laquelle pourront être évitées les illusions et discernés les chemins au terme desquels Dieu appelle l'homme à la liberté[28]. »

La découverte, au plus profond de soi-même, de l'essence sans fond et sans forme, ou mieux encore son identification avec elle, découle d'une pratique dirigée et suivie.

LE MAÎTRE ET LA TRANSMISSION

> *Cher ami, ne vois-tu pas*
> *cet homme du satori*
> *qui est allé au-delà de l'étude*
> *et vit sans effort ?*
> *Il ne cherche ni à écarter*
> *les illusions*
> *ni à trouver la vérité[29].*

Jean de la Croix, dans ses avis et maximes, dit : « Celui qui veut demeurer seul sans l'appui d'un Maître et d'un guide est semblable à un arbre solitaire, abandonné dans la campagne ; quelques fruits qu'il produise, les passants les cueilleront avant maturité... L'âme vertueuse qui reste seule et sans Maître est comme le charbon embrasé, mais isolé : elle se refroidira au lieu de s'embraser davantage. »

La vraie pratique du Zen s'est aussi toujours transmise de Maître en Maître, de Patriarche en Patriarche tout au cours des siècles. Le Zen est surtout une transmission au-delà des Écritures, sans références à des dogmes pour révéler directement à l'homme son esprit originel, l'éveiller ainsi à sa vraie nature, parfois à l'aide de méthodes incongrues. Le Maître véritable n'est pas celui qui parle bien de la lumière, mais celui qui nous aide à ouvrir les yeux.

Suivre un vrai Maître signifie avoir l'esprit décidé, tout abandonner et devenir non-esprit, sans rien. Ainsi comme le dit Paul : « Maintenant, ce n'est plus moi, c'est le Christ qui vit en moi. »

Et Thomas dans son Évangile écrit :

Jésus disait :
Celui qui s'abreuvera à ma bouche
deviendra comme moi,
et moi je serai lui,
et les choses cachées lui seront révélées.

Ou Jean : « Si vous ne mangez la chair du Fils de l'Homme et ne buvez son sang, vous n'aurez pas la vie en vous. »

Que ce soit dans le Zen ou dans le Christianisme, le Maître est un guide spirituel qui aide à mourir à soi-même pour naître à nouveau. Ce travail s'effectue dans le cadre de la vie monastique ou dans la vie de tous les jours jusqu'au moment où le Maître reconnaît son disciple apte à lui succéder. Dans le Zen la « transmission de la lumière de la lampe » continue ainsi depuis des temps immémoriaux. Chaque Maître connaît ses ancêtres spirituels.

Dans le Christianisme, chez les Bénédictins par exemple, le supérieur est élu par sa communauté. Il doit cumuler diverses fonctions : maître de doctrine, guide spirituel, responsable de la discipline et de l'entente mutuelle, administrateur des biens du monastère...

C'est le Père dans lequel les moines voient le Christ lui-même.

Un jour, après sa résurrection, Jésus, alors que deux de ses disciples se rendaient à Emmaüs, fit une apparition.

Et lui leur dit :

« Ô cœurs insensés et lents à croire à tout ce qu'ont annoncé les Prophètes ! N'est-ce

point là ce que devait souffrir le Christ
pour entrer dans sa gloire ? » Et, partant de
Moïse et de tous les Prophètes, il leur interpréta dans toutes les Écritures ce qui le
concernait.

Et quand ils furent près du village où ils se
rendaient, lui fit semblant d'aller plus loin.
Mais ils le pressèrent, en disant : " Reste avec
nous, car le soir vient et déjà le jour baisse. "
Et il entra pour rester avec eux. Or, comme il
était à table avec eux, ayant pris le pain, il
prononça la bénédiction et, l'ayant rompu, il
le leur remettait. Leurs yeux s'ouvrirent et ils
le reconnurent... mais il avait disparu de
devant eux. Et ils se dirent l'un à l'autre :
" Notre cœur n'était-il pas tout brûlant au-
dedans de nous, quand il nous parlait en
chemin, quand il nous ouvrait les Écritures ? " [30] »

C'est une manifestation de la lumière. Le
Christ commence à agir pour éclairer le
monde, de même dans la scène de la descente
de l'Esprit le jour de la Pentecôte :

« Et comme s'écoulait le jour de la Pentecôte, ils étaient tous réunis ensemble. Et tout
à coup vint du ciel un bruit comme d'un
violent coup de vent, qui remplit toute la
maison où ils étaient assis. Et ils virent
apparaître des langues comme de feu, qui se
partageaient, et il s'en posa une sur chacun

d'eux. Et tous furent remplis d'Esprit Saint, et ils se mirent à parler en d'autres langues, selon ce que l'Esprit leur donnait de prononcer [31]. »

Cet Esprit impulse l'énergie pour les faire sortir de leur peur et de leur torpeur. Puis Pierre attaque le premier :

« Juifs, et vous tous habitants de Jérusalem, sachez bien ceci et prêtez l'oreille à mes paroles. Non, ces gens ne sont pas ivres, comme vous le supposez, car c'est la troisième heure du jour. Mais c'est ce qui a été dit par le prophète Joël :

Et il adviendra, dans les derniers jours, dit Dieu,

que je répandrai de mon Esprit sur toute chair ;

et vos fils et vos filles prophétiseront,

et vos jeunes gens verront des visions

et vos vieillards songeront des songes ;

et même sur mes serviteurs et sur mes servantes, en ces jours-là,

je répandrai de mon Esprit, et ils prophétiseront.

Et j'opérerai des prodiges dans le ciel en haut et des signes sur la terre en bas [32]. »

Plus tard, Jean dira : « La lumière est venue dans les ténèbres, les ténèbres ne l'ont pas reçue. »

Dans le sermon sur la montagne, Jésus s'adressant à ses disciples prend position par rapport à la Loi. C'est une scène de transfiguration où il se met en position d'héritier par rapport à la tradition juive. Ses disciples le voient en compagnie d'Élie et de Moïse :

« Et, six jours après, Jésus prend avec lui Pierre, et Jacques et Jean, son frère, et les emmène sur une haute montagne, à l'écart. Et il fut transformé devant eux : son visage brilla comme le soleil, ses vêtements devinrent blancs comme la lumière. Et voici que leur apparurent Moïse et Élie, parlant avec lui. Prenant la parole, Pierre dit à Jésus : " Seigneur, il est bon que nous soyons ici ; si tu veux, je vais faire ici trois tentes, une pour toi, une pour Moïse, et une pour Élie. " Tandis qu'il parlait encore, voici qu'une nuée lumineuse les prit sous son ombre, et voici une voix, partie de la nuée, qui disait : " Celui-ci est mon Fils, le Bien-aimé, qui a toute ma faveur : écoutez-le ! " Et à ces mots les disciples tombèrent sur leur face, et ils eurent très peur. Et Jésus s'avança et, les touchant, il dit : " Relevez-vous et n'ayez pas peur. " Levant les yeux, ils ne virent personne, sinon Jésus lui-même, seul.

Et, tandis qu'ils descendaient de la montagne, Jésus leur fit cette défense : " Ne parlez à personne de cette vision, jusqu'à ce que le

Fils de l'Homme se soit relevé d'entre les morts. " [33] »

LE BODHISATTVA ET LE SAINT

Dans le Bouddhisme mahayana le bodhisattva est chargé d'emmener tous les êtres sur la voie de l'éveil. Plein de sagesse et de compassion il est capable de se tourner vers le monde. Sa transparence permet au flot d'amour universel de se répandre à travers lui. Il fait vœu de faire passer les autres avant lui-même. C'est un être éveillé, dépourvu d'égoïsme, résolu à aider toutes les existences. « Faire le saut dans le courant périlleux de la rivière, dans la civilisation, ne pas fuir ou se réfugier dans la montagne. Se retirer mais savoir revenir avec les autres. L'être du satori doit s'harmoniser avec ceux qui produisent véritablement l'illusion, se mêler aux souillures [34]. »

De la même manière le Christ était un rabbi itinérant et non pas un moine. A la différence de Jean le Baptiste qui jeûne et vit au désert, il mange, boit et vit avec toutes sortes de gens.

Au IIIe siècle apparaît un monachisme chrétien et jusqu'à la fin du Moyen Age les monachismes bouddhiste et chrétien ont presque évolué en sens inverse. Conformément à la mentalité extrême-orientale, les bouddhistes ont accentué son caractère relatif et changeant tandis que les moines chrétiens accentuaient toujours plus ses valeurs stables et définitives.

« Quand le monachisme bénédictin a atteint sa forme la plus parfaite il n'a plus beaucoup évolué. Il a gardé tout son prestige mais l'histoire a continué sans lui : à partir du XIIIᵉ siècle, d'autres ordres, plus ou moins conventuels, ont surgi dans l'Église pour répondre aux exigences du monde changeant.

Aujourd'hui cependant on redécouvre la place du monachisme dans l'Église. La spiritualité des laïcs n'est plus considérée comme un sous-produit de la spiritualité des cloîtres, mais la valeur spécifique du témoignage monastique apparaît d'autant mieux comme un signe à l'intérieur de la communauté ecclésiale. Tous les chrétiens sont appelés à vivre la réalité de ce signe, le détachement foncier au profit du seul amour du Christ, mais les moines veulent garder vivant cet appel dans l'Église en le réalisant d'une manière plus matérielle et prophétique.

Le témoignage de traditions monastiques non chrétiennes vient, je crois, opportunément rappeler que ce signe ne doit pas être trop péremptoire mais doit rester discret, comme un levain dans la pâte [35]. »

AIMER SON PROCHAIN
ET LA COMPASSION

« Aimez vos ennemis, faites du bien et prêtez sans rien espérer en retour. Alors votre récompense sera grande, et vous serez les fils du Très-Haut, car il est bon, lui, pour les ingrats et les méchants » (Luc).

La figure de Jésus telle que la dépeignent les Évangiles est celle de quelqu'un qui aime ses ennemis. Il appelle Judas, le disciple qui va le trahir et lui lave les pieds lors du premier repas, faisant jusqu'au bout tous ses efforts pour provoquer en lui un changement. Et quand, une fois condamné à mort, cloué à la croix et tourné en dérision, il prie pour ceux qui l'insultent, en disant : « Père, pardonne-leur, car ils ne savent pas ce qu'ils font » (Luc).

Jésus disait : « Si vous avez de l'argent, ne le prêtez pas avec intérêt, mais donnez-le à celui dont vous ne recevrez rien en retour. » C'est le vrai sens de la gratuité et de la compassion. Votre bonheur est mon bonheur. Mon bonheur est votre bonheur. Mais la compassion sans sagesse n'offre pas une aide

véritable, de même que la sagesse n'existe pas
sans compassion. Cette extraordinaire capa-
cité de vivre et de souffrir avec et pour les
autres n'est possible qu'en raison de l'efface-
ment du moi.

Maître Dogen écrit : « Je suis bien trop
stupide pour devenir Bouddha, mais je veux
devenir moine, et voyager, comme le nuage
dans le ciel et l'eau du torrent, toujours avec
et pour les autres. »
Et le Maître zen Daïchi So Kei [36] :

« Ne restez pas au sommet de la montagne
    de la solitude.
Poussant l'eau boueuse près du vieil
    embarcadère,
L'esprit de compassion le plus élevé pénè-
    tre les trois mondes.
Vous devez être satisfaits d'être des pas-
    seurs sur la mer des souffrances. »

ICI ET MAINTENANT

Ceux qui cherchent le chemin,
je vous en prie,
ne perdez pas le moment présent [37].

Le vécu est ici et maintenant. Maintenant
seulement existe le temps, maintenant seule-

ment il y a existence. Le passé, le futur ne sont pas existence. Chaque instant vécu peut être considéré comme un point, et la succession des points forme une ligne, qui ne laisse pas de trace. Ici et maintenant seulement existe. L'instant présent ne reviendra jamais, peut-être semblable mais pas identique. Maintenant est le temps présent dans le cosmos en perpétuel changement.

« Nous devons toujours garder à l'esprit l'idée que la mort peut survenir dans l'instant. Ainsi pouvons-nous ressentir la fugacité du temps, ne pas passer notre vie vainement faire de chaque instant un moment plein, en accomplissant la chose importante de cet instant, sans rien remettre au lendemain. L'ici et maintenant doit être complet, parachevé. Pour un grand nombre de gens, la vie est projetée dans le futur. Ils remettent toujours leurs actions à plus tard, et passent le présent à penser au futur. Le temps s'écoule, les années passant, une vie s'achève ; il est trop tard ; c'est le moment de mourir... Un rêve...

Dans la présence, dans la concentration du corps et de l'esprit, dans la plénitude de l'ici et maintenant, le temps de l'instant peut devenir l'éternité. Cet instant-ci est seul important ; il est l'éternité ; passé et futur ne sont que rêve et imagination, chimères [38]. »

Tout le temps, toute la vie n'est qu'une suite d'instants : elle est donc impossible à catégoriser, à conceptualiser ; ce n'est qu'une suite d'étapes qui sont autant d'ici et maintenant. Aussi la chose la plus précieuse dans notre vie est-elle d'aller sur le chemin, sur la voie qui n'a pas été parcourue, qui n'a pas été expérimentée deux fois.

Comment faire ? Comment agir ? Comment doit être notre comportement ici et maintenant ? C'est le *koan* du Zen.

Pour Maître Eckhart, Dieu est le Dieu du présent, il prend les gens comme ils sont et non pas comme ils ont été. Pas besoin d'avoir de remords, ce qui est important c'est ce que l'on est.

« Le repentir temporel est toujours attiré vers le bas dans une plus grande souffrance et met l'homme dans une telle tristesse qu'il lui semble aller au désespoir. Le repentir demeure alors dans la souffrance et ne fait pas de progrès, il ne mène à rien [39]. »

« Dieu est le Dieu du présent. Tel il te trouve, tel il te prend et t'accueille, non pas ce que tu as été mais ce que tu es maintenant [40]. »

« Dieu ne tient pas compte des œuvres en soi, mais uniquement de l'amour, de la dévotion et de l'état d'esprit qui les inspirent [41]. »

« Dieu n'a attaché le salut des hommes à aucune manière d'être particulière [42]. »

Et comme l'indique Günther Born Kamm dans *Qui est Jésus de Nazareth ? Paroles de Dieu* [43] dans l'annonce que Jésus fait du Royaume, parler du présent, c'est parler en même temps du futur et inversement : « Le futur de Dieu est salut pour celui qui saisit le maintenant comme présent de Dieu et à l'heure du salut. Il est jugement pour celui qui n'accepte pas l'aujourd'hui de Dieu et se cramponne à son propre présent, aussi à son passé et à ses rêves personnels concernant le futur. " Ce que l'on n'a pas pu savoir dans l'instant, nulle éternité ne nous le rendra " (Schiller).

L'à-venir de Dieu est l'appel de Dieu adressé au présent et le présent est le temps de la discussion à la lumière de l'à-venir de Dieu. »

« Laisser passer ce qui passe. Demeurer dans ce qui demeure. Soyez passant », disait aussi Jésus. Passer de ce qui passe à ce qui ne passe pas, s'éveiller à la vie non née, à l'autre rive de soi-même...

« Un passant voit toutes choses pour la première et la dernière fois. Il ne se retournera pas en arrière. Il goûte chaque instant comme le lieu même du passage vers l'éternel présent.

Vivre dans le présent, instant après ins-

tant, nous dévoile le secret de la Présence.
Cela demande une grande force d'attention et
une grande qualité d'âme, mais c'est aussi
une grande source de bonheur. Notre énergie
n'est plus dispersée dans l'hier ou le demain.

On peut alors vivre intensément avec ce
qui est devant notre visage. Alors nous ne
faisons plus qu'Un avec la spontanéité de la
vie qui passe d'une forme à l'autre, d'un
vêtement à un autre, sans perdre notre identité.

Jésus disait :

« ne vous souciez pas le matin du soir,
ni le soir du matin,
de quoi vous serez vêtu.

Ne pas se soucier de quoi nous serons
vêtus, c'est ne pas se soucier de la forme que
prend la vie en nous. Notre ascèse, c'est d'être
fidèles et justes dans l'instant.

Et Jésus disait encore :

Souvent vous avez désiré entendre
les paroles que je vous dis maintenant.
Nul autre ne pourra vous les dire,
et il y aura des jours
où vous me chercherez
et où vous ne me trouverez pas.

Le Christ est vivant. Pourquoi le chercher parmi les morts ? Chaque instant est le moment favorable. Chaque jour est le jour du salut. Chaque instant est l'occasion de la Rencontre. Demain, il sera trop tard. Ne pas remettre au lendemain (...) ni la joie, ni l'amour. Ici et maintenant est le Royaume, la Présence. Où chercher ailleurs cette Présence du Vivant que dans le présent ?[44] »

UNITÉ DU CORPS ET DE L'ESPRIT

Jusqu'à ce qu'apparaissent les dernières découvertes, la science occidentale sépara le corps et l'esprit. Analyser la réalité, la découper en secteurs afin de réduire sa complexité et de spécialiser les recherches peut permettre une meilleure compréhension des parties soumises à l'étude, mais en même temps entraîne une perte importante du sens global des choses car aucune coupure n'existe dans la réalité. Il n'y a aucune séparation entre le corps et l'esprit d'un même être. Ils sont unis.

Maître Eckhart dit :
« Dans le corps toutes les parties du corps sont unies et sont un de telle sorte que l'œil appartienne au pied et le pied à l'œil[45]. »

« Bien que l'esprit soit doué d'intellect et qu'il accomplisse absolument l'œuvre qui est accomplie dans le corps, on ne doit pourtant pas dire : mon âme connaît, ou fait ceci ou cela, mais on doit dire : je fais ou je connais ceci ou cela en raison de la grande union qu'ils ont l'un et l'autre, car le corps et l'âme ensemble sont un seul être humain [46]. »

« A cause de la grande union entre l'âme et le corps, l'âme est dans le moindre membre aussi parfaitement que dans le corps tout entier [47]. »

« Certains Maîtres ont pensé que l'âme est seulement dans le cœur. Il n'en est pas ainsi. L'âme est totalement indivisée dans le pied et complètement dans l'œil et dans chaque membre [48]. »

« L'âme est purifiée dans le corps, afin qu'elle rassemble ce qui est dispersé et porté à l'extérieur. Quand ce que les cinq sens portent à l'extérieur revient dans l'âme, elle a une puissance dans laquelle tout devient un [49]. »

« Il faut prier si intensément que l'on voudrait que tous les membres de l'homme, toutes ses forces, ses deux yeux, ses oreilles, sa bouche, son cœur et tous ses sens y soient appliqués, et on ne doit pas cesser avant d'avoir ressenti que l'on va s'unir à celui qui est présent et que l'on prie : Dieu [50]. »

« Sois un afin que tu puisses trouver Dieu[51]. »

Souvent dans le Christianisme on attache peu d'importance au corps et fréquemment il y a disssociation entre le corps et l'esprit. L'esprit cherche à fuir le corps souillé par le péché originel pour retrouver sa pureté, ou bien on veut maîtriser le trouble venu des passions par la raison et par la volonté. Par l'observation de soi on veut prendre conscience de l'amour de soi et de l'égoïsme et essayer de se changer au moyen du volontarisme. Parfois, on rajoute même le refrènement des désirs et souvent le rejet des plaisirs charnels, l'accent étant mis sur la supériorité de l'âme, alors que le corps et l'âme, ces deux principes constitutifs de la personne, sont impossibles à séparer car substantiellement unis dans l'essence réelle de l'être humain.

Maître Deshimaru dit :

« Presque toutes les religions cherchent le contrôle au moyen du spirituel. Si l'on veut contrôler l'esprit par l'esprit, on devient compliqué. Vouloir contrôler son esprit par la volonté, est comme vouloir éteindre le feu avec le feu. Dans le Zen on contrôle l'esprit par le corps, à partir du corps. »

Le Zen est avant tout une pratique à partir du corps, *shikantaza*, simplement s'asseoir.

Maître Dogen écrit :

Les yeux horizontaux,
le nez vertical,
ceci est l'essence du Zen.

Ou encore :

Si quelqu'un demande
ce qu'est le vrai Bouddhisme,
il n'est pas nécessaire que vous ouvriez la bouche
pour l'expliquer.
S'il vous plaît, exposez tous les aspects
de votre posture de zazen.
Alors le vent du printemps soufflera
et fera éclore la merveilleuse fleur du prunier.

Zazen se pratique sans objet de réflexion :

« La Voie signifie la condition normale de
l'esprit.
Pendant zazen,
notre esprit ne doit pas se placer
dans des conditions spéciales.
Nous devons nous trouver nous-mêmes,
trouver la condition naturelle de l'esprit.
Il n'est pas nécessaire d'être tendu,
il faut garder l'esprit paisible, doux, libre.
Nous devons trouver aussi la condition
normale du corps,

car corps et esprit forment une unité,
et ont d'étroites relations.
Avoir la véritable intuition de
l'existence primitive.
C'est quand l'ego conscient devient vérité
cosmique que se réalise le satori.
Pour cela, il faut abandonner l'ego,
s'abandonner soi-même[52]. »

LA RESPIRATION

La respiration est le lien entre le corps et
l'esprit, et elle établit aussi une communication spécifique entre nous-même et le monde
qui nous entoure. Dans la tradition classique
de l'Occident, on rencontre souvent les
termes *pneuma* ou *spiritus* pour désigner
l'Esprit. Ces termes ont aussi un rapport avec
le souffle du vent que nous entendons, et avec
l'air que nous respirons. L'Évangile de Jean
n'ignore pas ce contexte linguistique : « Le
pneuma (le vent, l'Esprit) souffle où il veut et
tu entends sa voix, mais tu ne sais ni d'où il
vient ni où il va. »

La respiration nous relie donc à ces esprits
dont saint Paul nous dit qu'ils doivent être
objet de discernement : « Éprouvez toutes
choses, et ce qui est bon retenez-le. »

On peut remarquer l'importance de la

respiration dans les litanies et surtout dans les « oraisons jaculatoires »[53], ces courtes prières répétées. Les « trois manières de prier » d'Ignace de Loyola sont basées sur un rythme de la respiration : « Celui qui désire pratiquer plus longtemps cette manière de prier peut l'utiliser pour toutes les prières ci-dessus mentionnées ou pour une partie de celles-ci, et il observera un rythme semblable de la respiration et des mots. »

Dans le Zen la respiration est un des supports de la concentration. La posture est droite, immobile, la nuque tendue, le menton rentré, le bassin basculé en avant dégageant ainsi la masse abdominale, permettant de mieux expirer. L'expiration est longue, lente et prolongée en descendant le plus profondément possible dans le hara, *kikai tenden* (*kikai :* océan de l'énergie ; *tenden :* centre de gravité). On expire doucement, délicatement, imperceptiblement. L'inspiration se fait automatiquement. Après la pratique de zazen on récite des sutras, notamment le sutra de la grande sagesse *(Hannya Shingyo),* en insistant sur l'expiration. Le rôle du bodhisattva, celui qui aide les autres à passer sur l'autre rive, est exprimé dans le mantra final de ce sutra :

Gya teï gya teï,
Hara gya teï,

Hara so gya teï,
Boji sowa ka,
aller, aller,
aller tous ensemble,
aller au-delà du par-delà
sur la rive du satori.

Dans d'autres branches du Bouddhisme, tel le Nembutsu, on répète le nom du Bouddha de la compassion. Il est dit dans le sutra du *Kannon gyo* que pour sauver tous les êtres de la souffrance il faut : « prononcer, appeler, invoquer le nom de Kanzeon Bosatsu, ou l'entendre, non seulement par les oreilles, mais surtout avec l'esprit, en grande concentration, sans solliciter quoi que ce soit. Ainsi tous les êtres sensibles peuvent atteindre le satori, la parfaite liberté ».

Dans toutes les traditions spirituelles on invoque le nom de Dieu. YHWH chez les Hébreux est une vibration chargée d'une grande force d'action et permettant une incorporation de l'énergie divine. La technique contemplative orthodoxe, ou hésychasme, a su par l'entremise de ses nombreux moines mystiques retrouver le sens d'une telle pratique. Au Ve siècle, Jean Climaque écrit : « Que la mémoire de Jésus soit unie à la respiration. »

Et Siméon le Théologien : « Par l'invocation du Seigneur Jésus, les souffles des passions fondent et s'évanouissent comme de la cire. »

LA NATURE DE BOUDDHA, DIEU EN TOUTES CHOSES

Les chrétiens glorifient Dieu en toutes choses. Dans le Zen l'homme a la nature de Bouddha qu'il doit réaliser à partir de la pratique de zazen. Maître Deshimaru employait souvent l'expression : « Bouddha ou Dieu », symbolisant ainsi la même essence.

Maître Hakuin, un des grands réformateurs du Zen au xviiie siècle, écrit : « Ceux qui sont ainsi retournés en eux-mêmes témoignent de la réalité de leur nature originelle. (...) La vérité éternelle paisible se révèle à eux. » De cette nature de Bouddha, les moines zen en font l'expérience. La foi en cette réalité fondamentale, à la source de tout leur être, explique à la fois leur détermination pour la liberté et leur abandon confiant à son énergie.

Pour les chrétiens la vérité qui fait vivre est la personne de Jésus, telle que les Évangiles et la liturgie la transmettent et que l'Esprit saint la rappelle dans le silence. Le Christ ne s'impose pas mais il offre sa présence à qui la cherche sincèrement. Les paraboles où Jésus se révèle sont des invitations adressées au cœur de la foi. Elles sont proposées sans volonté de vaincre. Elles sont au contraire offertes avec attention, respect et accueil de l'autre. Le chrétien recevant la lumière divine la ressent comme une expérience de Dieu que l'on a souvent formulée par rencontre avec Dieu. Quiconque a bénéficié de cette rencontre se sent puissamment affermi dans sa foi.

Toutefois, chez les chrétiens on parle souvent d'un Dieu personnalisé. Et longtemps les avis ont divergé sur la nature de Jésus. Certains pensent que le Fils est le Père incarné, les autres que Jésus fut un homme soudainement habité par la Parole Divine, d'autres encore établissent une distinction entre le Père et le Fils tout en soulignant une essence commune aux deux.

Dans certains sutras du Bouddhisme tels le sutra des Repas ou le sutra de la Cérémonie mortuaire, à l'intérieur de la vision impersonnelle de la nature du Bouddha, il est fait aussi référence à des Bouddhas ou bodhisattvas archétypes qui personnifient la puissance cosmique.

Sutra à la gloire des dix Bouddhas :

La pureté universelle du Bouddha Vairocana (symbole de la pureté).

> *La forme universelle du Bouddha Vaicorana (symbole de la perfection).*
> *Le Bouddha Maitreya qui naîtra dans le futur (symbole de la salvation).*
> *Le Dharma et la communauté des moines.*
> *Le grand Bodhisattva de la sagesse manjusri.*
> *Le Bodhisattva du Mahayana Samantabhadra (symbole de la longévité).*
> *Avalokitesvara, le Bodhisattva de la compassion universelle.*
> *Tous les Bodhisattvas et Patriarches.*

Le mérite de chanter ce sutra réside dans le vœu que la personne aille au-delà même de la Terre pure de Bouddha, s'étant repentie de son karma passé de souffrances. Le lotus s'épanouit, et Bouddha lui donne le satori.

Cette notion de personnalisation est dépassée chez les mystiques qui même indiquent, tout comme le Zen, que pour réaliser l'expérience de Dieu, l'homme doit tout abandonner. Et comme le dit Maître Eckhart, dans son *Sermon sur la pauvreté* :

« Aussi longtemps que l'homme a encore ceci en lui que c'est sa volonté de vouloir accomplir la volonté très aimée de Dieu, un tel homme n'a pas la pauvreté dont nous voulons parler. En effet, cet homme a encore une volonté par laquelle il veut satisfaire la volonté de Dieu, et ce n'est pas la vraie

pauvreté. Car, pour avoir la vraie pauvreté,
l'homme doit être aussi dépourvu de sa
volonté créée qu'il l'était quand il n'était pas
encore. »

> Pour Maître Eckhart Dieu est l'Être pur
> éternel, incréé, immuable.
> « La nature propre de Dieu est Être [54]. »
> L'Être est la cause même de toutes choses
> et rien de ce qui est n'est en dehors de
> l'Être.
> « Toutes les créatures sont un seul
> Être [55]. »
> « La nature de l'Être est d'être sans
> nature [56]. »

Ainsi chaque chose révèle Dieu du fait
même qu'elle existe (par son existence).

« Toutes les créatures sont une parole de
Dieu [57]. »

« Ma bouche exprime et révèle Dieu, mais
l'être de la pierre le fait aussi, et on comprend
plus par les effets de l'œuvre que par les
paroles [58]. »

Donc voir l'Être en toutes choses c'est voir
Dieu en toutes choses.

« Rien n'est aussi semblable à Dieu que
l'Être, autant une chose a d'être autant elle
est semblable à Dieu [59]. »

Mais saisir l'être dans la chose n'est pas

saisir la chose mais son existence nue, ainsi :

« Dieu est en toutes choses. Plus il est dans les choses, plus il est hors des choses ; plus il est intérieur plus il est extérieur, et plus il est extérieur plus il est intérieur [60]. »

Dieu est dans les choses car sans l'Être elles n'existeraient pas ; il sous-tend chaque chose, mais n'est jamais la chose. L'Être est enseveli dans la chose et lui est en même temps étranger. Sans l'Être pas de chose, la chose nous révèle l'Être mais n'est pas l'Être ; l'Être est illimité et contient toutes choses. Les choses passent, changent mais ce qui ne change pas c'est l'Être.

« Dieu est un et ne change pas. Tout ce que Dieu a créé, il l'a créé soumis au changement. Toutes choses, lorsqu'elles sont créées, portent la mutabilité sur leur dos [61]. »

Ainsi la nature profonde des choses est leur Être. Les choses sont soumises au changement, mais considérées comme exprimant l'Être, quelque modification qu'elles puissent subir, elles exprimeront toujours l'Être. Si elles viennent à disparaître elles exprimeront l'Être de la disparition. La diversité et le changement considérés en eux-mêmes sont éternels et immuables. Ils expriment Dieu, comme chaque chose prise en elle-même exprime, par son unité, Dieu qui est lui-même unité. « Si tu étais vraiment un, tu resterais un dans la diversité et la diversité deviendrait un pour toi[62]. »

ILLUSIONS ET PÉCHÉS

Les phénomènes de la conscience, dans le Zen, sont appelés *bonnos* (en japonais), illusions car ils n'ont pas de nature fixe. Le terme se compose de deux idéogrammes, dont le premier, *bon*, définit ce qui trouble et perturbe, et le second, *no*, ce qui tourmente et afflige. *Bonno* désigne donc toutes les fonctions mentales et physiques qui perturbent et affligent l'esprit.

L'une des premières doctrines enseignées par le Bouddha après son éveil fut les *Quatre nobles vérités*. La première de ces quatre vérités, *ku*, affirme l'état de souffrance de toutes les existences. La deuxième, *ju*, explique que la cause de la souffrance est l'illusion et le désir. La troisième, *metsu*, dit que le nirvana est le royaume libéré de toute souffrance. La quatrième, *do*, enseigne que le moyen pour parvenir au nirvana est la pratique des huit voies justes (l'Octuple Sentier) : vue, pensée, parole, comportement, moyens de vivre, effort, attention, concentration ou samadhi justes.

Les illusions sont la racine, la source de

toutes les souffrances et des maladies. Et la substance, l'essentiel, le fond des souffrances humaines reposent sur l'ignorance. Les *bonnos* sont toujours fruits de l'ego, et créateurs d'égoïsme, lequel transparaît dans chacune des actions de notre vie ; aussi est-il dit que « chaque jour nous produisons quatre-vingt-quatre mille *bonnos* », en quantité infinie autant que le sont les aspects sans limite de nos actions, paroles et pensées. Par la sagesse nous devons couper à l'origine la racine des *bonnos*. Mais nous ne devons pas oublier que les *bonnos* sont la racine du satori, et que celui-ci sera d'autant plus important que la place des *bonnos* aura été plus volumineuse.

Les êtres sensibles sont par essence des bouddhas.
C'est comme l'eau et la glace.
Il n'y a pas de glace sans eau,
il n'y a pas de bouddhas hors des êtres sensibles [63].

Maître Deshimaru disait aussi : « Plus la glace est épaisse, plus l'eau sera abondante. » Encore faut-il procéder à l'opération nécessaire. Cette transformation doit aboutir à un changement qualitatif. C'est la raison pour laquelle l'on peut devenir aussi bien Bouddha que revêtir l'aspect démoniaque.

Pendant zazen l'observation des *bonnos* devient privilégiée. Elle acquiert toute l'objectivité nécessaire à leur compréhension, laquelle est atrophiée et souvent déformée durant la vie quotidienne par le fait même que nous devenons l'objet de nos *bonnos* et sommes la plupart du temps incapables de prendre le moindre recul. Durant zazen tous les appétits, les désirs, les convoitises, les ambitions, passions, colères, jalousies, vanités... tout cela s'élève du subconscient sans que l'on puisse réaliser pratiquement aucune de ces illusions. Elles surgissent et passent automatiquement si on ne les entretient pas. Dans la vie ordinaire, les *bonnos* produisent le karma qui engendre la souffrance et la souffrance produit à nouveau des *bonnos*. Ce cycle sans fin est la toile de fond de la vie phénoménale. L'analyse de la loi des douze *innen* (causes interdépendantes et déterminantes) explique l'apparition des existences phénoménales et de leur corollaire : les *bonnos*.

— *Mumyo,* l'ignorance, est la cause première et déterminante qui conditionne le monde phénoménal. *Mumyo* est l'agent producteur de l'action.

Et :

— *Gyo,* l'action, est elle-même karma, produit de l'ignorance.

Le satori que le Bouddha Shakyamuni obtint, assis en zazen sous l'arbre de la Bodhi, l'investit de la sagesse qui lui fit comprendre l'enchaînement sans fin de la vie et de la mort. L'anneau commence à *mumyo*, et finit à *mumyo*. Par l'action de retour à notre nature originelle, vraie et absolue, nous pouvons nous émanciper de *mumyo*, l'ignorance fondamentale du monde manifesté. Par l'extinction de *mumyo* s'achèvent toutes les souffrances et se réalise le parfait nirvana.

Maître Keizan (1267-1325), dans le *Zazen Yojinki*, écrit :

« Toutes les souffrances, les *bonnos*, les illusions, les passions, naissent de *mumyo*. Pendant zazen, nous pouvons éclairer notre ego qui est sans noumène. L'égoïsme est l'unique produit de *mumyo*. Toutefois, celui qui a tranché tous les *bonnos* sans avoir tranché *mumyo* ne peut pas être considéré comme un authentique Bouddha, ni un vrai Patriarche. Aussi pour trancher *mumyo*, la plus haute, l'unique et secrète méthode est la pratique de zazen, qui est la voie royale conduisant à l'extinction de *mumyo*. »

Notre essence originelle est *ku*, vacuité, pureté et contient en virtualité *mumyo* susceptible de se manifester au contact d'un objet, d'un phénomène qui lui-même n'a pas de réalité propre. Les phénomènes de la conscience apparaissent et disparaissent, surgissent de *ku* et retournent à *ku*.

Pour Maître Eckhart et toute la pensée occidentale, connaître, c'est connaître par les causes ; or tout ce que l'on peut connaître provient du créé, c'est-à-dire a été tiré du néant. Le néant est donc l'origine du créé. Le créé vient du néant et y retournera.

« Tout ce qui est créé est néant[64]. »

« Toutes choses sont tirées du néant et c'est pourquoi leur véritable origine est le néant[65]. »

S'attacher au créé c'est s'attacher au néant ; c'est perdre son temps, mais aussi c'est un empêchement à la connaissance de Dieu.

« Tout ce qui est plus que l'un est trop car tu dois mourir à toute chose[66]. »

« Est pur ce qui est détaché de toutes les créatures, car toutes les créatures souillent parce qu'elles sont néant ; car le néant est une déficience et souille l'âme[67]. »

« Toutes les créatures requièrent de retourner d'où elles ont flué. Toute leur vie, tout leur être est un appel et une urgence vers ce dont elles sont issues[68]. »

Aussi faut-il se libérer du créé car :
« la moindre image créée qui se forme en toi est aussi grande que Dieu est grand et pourquoi ? Parce qu'elle est pour toi un obstacle à un Dieu total[69] ».

Tout le temps que quelque chose de créé brille en toi tu ne vois pas Dieu.

« Si l'âme était absolument dépouillée et dégagée de toute médiation Dieu serait pour elle dépouillé et dégagé et se donnerait à elle [70]. »

Dieu étant l'Être pur ne voit et ne sait que l'Être ; tout le reste ne le concerne pas, n'existe absolument pas pour lui, est néant. Le créé est néant pour l'homme (illusion) et néant pour Dieu.

« Dieu ne connaît rien d'extérieur à lui et son regard n'est fixé qu'en lui-même. Tout ce qu'il voit il le voit en lui-même. C'est pourquoi Dieu ne nous voit pas quand nous sommes dans le péché. Dieu nous connaît dans la mesure où nous sommes sans péché c'est-à-dire en lui [71]. »

Donc pour Maître Eckhart pécher c'est ne pas exister, se couper de Dieu. Tel est le mal, le péché. Plus on pèche moins on existe. Bien que l'homme soit naturellement enclin au péché, le péché n'existe cependant pas puisqu'il provient du créé qui lui-même est néant. Pécher c'est s'attacher aux illusions. Aussi faut-il se détacher du monde créé, devenir pur.

« D'autre part il faut que tu aies le cœur pur car seul est pur le cœur qui a réduit à néant tout le créé [72]. »

S'éloigner du péché c'est se détacher du créé, se dépouiller de sa volonté propre car l'attachement au moi conditionne l'attachement au monde. Se dépouiller de son moi c'est abandonner le monde entier.

« Tout amour de ce monde est édifié sur l'amour de soi. Si tu avais abandonné celui-ci tu aurais abandonné le monde entier [73]. »

« Quels sont ceux qui honorent Dieu ? Ceux qui sont complètement sortis d'eux-mêmes, qui ne cherchent absolument rien qui leur soit propre en aucune chose, quelle qu'elle soit, grande ou petite, qui ne considèrent rien au-dessous d'eux ni au-dessus d'eux, ni à côté d'eux ni en eux, qui ne visent ni bien ni honneur, ni agrément ni plaisir, ni utilité ni intériorité, ni sainteté, ni récompense ni royaume céleste, et qui sont sortis de tout cela, de tout ce qui leur est propre [74]. »

C'est donc l'attachement qui est le péché. Le détachement est le bien car se détacher de soi c'est se détacher du monde. Maître Eckhart définit donc le bien qui est le détachement du créé, détachement qui conduira à l'obéissance et à la connaissance de Dieu.

Dans le Christianisme les passions sont dues au fait que l'homme s'est détourné de sa source. Quand l'homme se rebelle contre Dieu, source de toute créature, non seulement il va contre ce qu'il fut originellement destiné à signifier, mais une faille apparaît entre lui et les autres, entre lui et l'univers. Les passions, ces fonctions mentales qui troublent, les péchés sont une réalité dont l'homme doit se libérer par une purification, une *métanoïa*, qui ne signifie pas seulement se repentir.

« Le temps est accompli et le Règne de Dieu s'est approché : convertissez-vous et croyez à la Bonne Nouvelle [75]. »

Cette conversion inclut un profond regret du péché mais l'accent est surtout mis sur le retournement de la personne vers le Règne de Dieu situé en avant. Dans *Zen et Bible* [76], Kakichi Kadawaki dit :

« Conversion ne veut pas dire se borner à l'acte sans grande portée de repentir pour les péchés passés ; c'est se tourner vers une réalité entièrement nouvelle, le Règne de Dieu, et se lancer dans la pratique d'une nouvelle lumière de vivre.

A voir ainsi les choses, nous constatons que pour les chrétiens l'essentiel pour atteindre à la purification n'est pas, comme on le pense généralement, le repentir pour le péché, mais le retournement de tout l'esprit et de tout le corps vers Dieu notre Source. Puisque l'origine des passions d'illusion réside dans la séparation d'avec Dieu, source de tout, il est évident que pour se libérer complètement des passions, l'homme doit retourner à cette source.

La seconde étape requise dans la purification est la réconciliation avec les autres et avec l'univers. Cette étape est même tout naturellement exigée par la première. Le rapport entre les deux est clairement révélé par les paroles qui suivent du sermon du Christ sur la montagne : " Vous avez appris qu'il a été dit : Tu aimeras ton prochain et tu haïras ton ennemi et moi, je vous dis : Aimez vos ennemis et priez pour ceux qui vous persécutent afin d'être vraiment les fils de votre Père qui est aux cieux, car il fait lever son soleil sur les méchants et sur les bons, et tomber la pluie sur les justes et les injustes. " [77] »

Le péché originel

> *Le péché originel, fin de l'innocence, c'est la distinction du bien et du mal, là commence le dualisme* [78].

Le dogme du péché originel dans le Christianisme repose sur une image donnée par saint Paul qui vivait dans une société esclavagiste où il compare la passion et la résurrection du Christ, dans son effet sur l'humanité, à l'opération qui consiste à racheter un esclave. Nous étions esclave nous devenons libre.

Dans le livre de la Genèse il est dit qu'Adam et Ève ont été chassés du paradis parce qu'ils avaient mangé le fruit de l'arbre du bien et du mal.

« Le Seigneur Dieu dit à la femme : " J'aggraverai tes souffrances et tes grossesses ; c'est dans la souffrance que tu enfanteras des fils. Le désir te portera vers ton mari, et celui-ci dominera sur toi. "

Il dit aussi à l'homme : " Parce que tu as écouté la voix de ta femme, et que tu as mangé le fruit de l'arbre que je t'avais interdit de manger : maudit soit le sol à cause de toi ! C'est dans la souffrance que tu en tireras ta nourriture, tous les jours de ta vie. De lui-même, il te donnera épines et chardons, mais tu auras ta nourriture en cultivant les champs. C'est à la sueur de ton visage que tu gagneras ton pain, jusqu'à ce que tu retournes à la terre dont tu proviens ; car tu es poussière, et tu retourneras à la poussière ". [79] »

Dans ses carnets Vincent Bardet note :

« Nos premiers ancêtres nous marquent donc d'une tache héréditaire, génétique. Toutefois, en tant que terrain du salut, le péché originel peut sembler une construction intellectuelle qui s'est surimposée à la réalité

historique de Jésus. Au ive siècle de notre ère
saint Augustin a insisté sur cette idée : nous
étions esclaves du péché et Jésus nous a
rachetés. Il clôt ainsi la trajectoire du peuple
d'Israël, qui vivait dans le péché et la crainte
de Dieu — en attendant le Messie. Le Christ
devient donc le nouvel Adam dans une humanité régénérée. Nous sommes appelés avec
Lui, en Lui et par Lui à devenir de nouveaux
Adam et Ève. Ainsi s'établit la restauration
de l'état édénique. Par les mystères de la
chute et du salut, le croyant régénéré accède à
une humanité nouvelle. Avec Jésus dans sa
gloire, on peut donc vivre les prémices du
royaume de Dieu dès maintenant sur terre, et
non pas ailleurs ou dans l'avenir.

Un adepte du Zen pourrait évidemment
comparer la condition déchue à l'absence de
satori, et la condition d'éveil à l'état de grâce.
Cette grâce diffuse, infuse... que le croyant
ressent, ou vit, en appel de sainteté, comme
une bénédiction divine, une pluie rafraîchis-
sante, activée et symbolisée par le baptême
(immersion), la communion eucharistique
(joie du repas présentifiant l'accès sacrificiel
au Royaume de Dieu), l'imposition des mains
(Pentecôte), et tant de gestes et d'actes
divino-humains.

Le génie premier du peuple juif résidait
dans sa vocation monothéiste intransigeante

et son aspiration messianique. De même, après plus de deux millénaires, le prophète Mohammed est-il revenu à la pureté de la source abrahamique. Et comme une fatalité satanique, les croyants s'entretuent sur la planète Terre, tel Caïn l'agriculteur tuant Abel le pasteur. Paradoxe que leva, dans sa brève existence exemplaire, la figure de Jésus, « descendant de David », le Christ (l'oint du Seigneur), le Ressuscité irradiant durablement la lumière pascale. Figure admirable du Messie, selon certains textes d'Isaïe, serviteur souffrant, être d'amour et de non-compromission, délivrant les enfants de Dieu de la servitude textuelle aux infinis et obsessionnels commentaires sur la Loi.

Certes, ésotériquement, selon la Kabbale juive ou judéo-chrétienne, on peut identifier l'Arbre de la Connaissance à l'Arbre de Vie. Mais combien de fidèles se crurent obligés de croire que le " lavage " baptismal effaçait une " tache ". Selon saint Jean les disciples de Jésus sont " enfants de lumière ". Chaque être est appelé à devenir, avec et par le Christ, un être nouveau. Le mythe des origines devient l'instrument d'une mutation décisive de la conscience humaine. Les premiers Pères chrétiens ont bien souligné cette affirmation selon laquelle " Dieu a fait l'homme pour qu'il devienne Dieu ". Et l'humanité entière, selon une telle vision, est impliquée dans ce retour, cette métamorphose, ou cette récapitulation. De même que, selon le Zen, on considère les illusions comme matériau de l'éveil, de même, conscient de ses fautes, le croyant, comme Blaise Pascal, dans ses *Pensées,* peut mettre dans la bouche du Christ-Dieu les paroles sublimes, issues d'une nuit de feu : " Tu ne me chercherais pas si tu ne m'avais déjà trouvé. "

Ici intervient la notion de conversion, *métanoïa* en grec, retournement du cœur, phénomène intime de l'éveil à la réalité divine. Et l'expérience du vide se trouve dans l'expérience mystique authentique. Il est plus que probable que du samadhi dans les Yoga-sutras de Pantanjali, au message du Tch'an et du Zen et aux témoignages des grands spirituels d'Occident, la formulation de la réalité vécue diffère plus que le contenu lui-même, car Dieu est Dieu. *Abba !* Père ! disait le Rabbi Jésus, ce Juif palestinien de Nazareth... [80] »

LE KARMA

Mettez toute votre attention dans votre propre voie sans imiter les autres ; votre vie est unique, et votre karma vous est

*propre ; ne cherchez même pas à imiter
Bouddha, ni le Christ ; conformez-vous
à leur enseignement ; comprenez-en
l'essence, la profondeur et la portée, et
créez votre propre voie véritable, en
fonction de votre vie*[81].

Karma signifie action : action du corps, de la
parole et de la conscience. Chaque geste,
chaque parole, chaque pensée influencent ici
et maintenant et le futur. Le karma présent
réalise le karma passé et les actions du karma
passé s'actualisent dans les effets du karma
présent et futur. On reçoit les effets de son
propre karma.

Nos actions se manifestent objectivement,
dans le temps et dans l'espace : c'est la
potentialité d'un moment. Un meurtre, par
exemple, sera un problème en soi pour la
justice qui règle plus ou moins le problème.
Mais du point de vue spirituel, l'action ne
s'arrête pas là, et le karma engendré se
perpétue. Maître Deshimaru disait : « Même
si la volonté est forte, il est difficile d'enrayer
les actions de ces semences de mauvais
karma, car le karma intérieur ne se réalise pas
toujours à la surface, il demeure enfoui, et se
réalise en profondeur, imperceptiblement.
Par exemple, observons un orage sur l'océan.
Les vagues s'élèvent, c'est le karma manifesté. Lorsque l'orage est passé, l'océan

retrouve sa tranquillité; cependant, il contient en potientialité la manifestation du karma de la tempête. Le karma manifesté est l'acte vécu, achevé ou en voie d'achèvement. Mais demeure partout le pouvoir invisible, la puissance non manifestée. Le karma se perpétue et se réalisera dans les actions à venir, car il contient en lui-même la faculté de croissance et le développement; dès que la semence sera en terrain favorable, elle se développera, nécessairement en fonction du milieu et des circonstances. »

Les relations sont très étroites entre le karma manifesté (l'action du corps, de la parole et de la conscience) et le karma non manifesté, car ce dernier se définit aussi par rapport aux phénomènes.

Voici deux histoires très célèbres dans le Zen :

Au cours d'un mondo entre Eno, le sixième Patriarche, et des moines, un moine dit :

« Le drapeau bouge. »

L'autre moine répond :

« Non, c'est le vent qui bouge! »

Maître Eno réplique :

« C'est votre esprit qui bouge. »

L'anecdote rapporte que, par la suite, une grande nonne ayant entendu parler de ce mondo dit finalement :

« Tout est mouvement, le vent et l'esprit. »

Telle est la relation entre le karma manifesté et le karma non manifesté, relation d'interdépendance.

Un jour, Maître Hotetsu s'éventait tranquillement. Un jeune moine vint et lui demanda :

« Pourquoi vous servez-vous d'un éventail ? L'air est partout. »

Le Maître lui dit alors :

« Tu sais seulement que l'air existe partout mais tu ne sais pas que, sans action, on ne peut engendrer le vent. »

Aussi dans le Zen, faut-il cesser d'engendrer les illusions et pratiquer la posture et la respiration justes pour créer la conscience juste, la conscience originelle.

Originellement la puissance du karma non manifesté est bonne. C'est l'esprit pur, l'esprit informé, éternel. C'est la conscience *hishiryo* de zazen. Si pendant zazen, nous laissons passer les pensées, nous pensons mais rien ne demeure, tout passe. Les pensées ne laissent aucune trace. Cela ne crée pas de karma non manifesté.

L'esprit change toujours. Mais si nous pensons et créons des illusions, si nous nous attachons à nos pensées, cela laisse des traces qui influencent fortement les neurones du cerveau frontal et central. Maître Dogen disait : « Penser du tréfonds de la non-pensée.

Ne pas penser à partir de la pensée. C'est *hishiryo*, le secret de zazen. C'est penser sans penser, ne pas penser mais penser. C'est l'au-delà de la pensée, la pensée absolue. »

Pour Maître Eckhart se libérer des événements passés, présents ou futurs c'est se détacher du créé par l'équanimité, l'abandon de sa volonté propre, de ses goûts personnels.

« Je dois tendre à ne rien désirer[82]. »

« Si tu estimes qu'une chose est plus que l'autre c'est faux. Tu dois absolument aliéner ta volonté propre[83]. »

« Que l'homme prenne toutes choses comme s'il les avait souhaitées[84]. »

C'est se détacher du moi en s'oubliant soi-même, c'est aussi se détacher de Dieu, car chacun a sa propre opinion sur Dieu, l'imagine comme ceci ou comme cela, or Dieu ne ressemble à rien.

« L'homme juste doit être semblable à Dieu et près de Dieu, tout à fait semblable, ni au-dessous ni au-dessus. Quels sont ceux qui sont semblables de cette manière ? Ceux qui sont semblables à rien sont semblables à Dieu[85]. »

Pour Maître Eckhart ne pas créer soi-même les conditions favorables à de nouveaux enchaînements c'est agir de façon désintéressée selon sa conviction la plus intime, sans pourquoi.

« Nul n'est bon que Dieu seul [86]. »

Il ne peut y avoir de morale préétablie mais seulement participation à la vie divine. Connaître Dieu ici et maintenant dans son fond qui est aussi mon fond c'est le saisir avant qu'il ne devienne quelque chose, sagesse, vérité, bonté, beauté, vertu... car Dieu engendre la bonté et la sagesse qui elles-mêmes engendrent l'homme bon et sage.

« La bonté n'est ni créée ni faite ni engendrée ; cependant elle est génératrice et engendre l'homme bon [87]. »

Connaître Dieu c'est automatiquement devenir ce qu'il est, c'est tout recevoir à la fois.

« Le feu et la chaleur sont un. Si l'intellect les saisit il les sépare. La sagesse et la bonté sont un en Dieu ; si l'intellect s'empare de la sagesse il ne pense plus à l'autre [88]. »

Par contre s'attacher à la bonté c'est se masquer Dieu.

« La bonté est un vêtement sous lequel Dieu est caché [89]. »

« Dieu n'est ni sagesse ni bonté [90]. »

Et comme Dieu ne ressemble à rien il faut le saisir comme mode sans mode.

« C'est l'Être propre de Dieu et sa nature d'être dissemblable et de ne ressembler à personne [91]. »

Inutile de chercher à être bon, il suffit de

connaître Dieu caché au plus profond de nous.

« Il faut saisir Dieu comme mode sans mode, comme être sans être, car il n'a pas de mode[92]. »

Et là où Dieu est antérieur à la bonté et à partir de ce fond sans fond il faut agir.

L'Évangile de Thomas dit :

Ce qui entre dans votre bouche
ne peut vous souiller.
Mais ce qui sort de votre bouche,
c'est cela qui peut vous souiller.

Jésus insiste :

Ce qui nous rend impurs,
ce qui nous souille,
c'est ce qui salit les autres.
Ce sont les paroles inutiles,
les jugements hâtifs, les calomnies.

Et ses disciples l'interrogeaient ainsi :
« Faut-il jeûner ? Comment prier ? comment faire l'aumône ?

Que faut-il observer en matière de nourriture ? »

Jésus disait :

Arrêtez le mensonge,
ce que vous n'aimez pas, ne le faites pas ;
vous êtes nus devant le Ciel,
ce que vous cachez, ce qui est voilé,
tout sera découvert.

La véritable valeur de ce que nous faisons dépend de la manière dont nous le faisons, de la qualité et de la sincérité de notre être.

« L'ego est en effet un singe malin ; il peut se servir du jeûne, de la prière, de l'aumône, d'une certaine façon de se nourrir, pour se confirmer et s'enfler dans sa vanité. C'est le pharisaïsme. Ce désir de paraître juste aux yeux des autres alors que l'intérieur est pourri. Dans les Évangiles canoniques Jésus se montre beaucoup plus violent contre ces pseudo-spirituels : " Vous nettoyez l'extérieur de la coupe, l'intérieur est rempli de rapines, de médisances... sépulcres blanchis. " [93] »

Chez la plupart des gens le karma et les illusions sont devenus le fond même de la personnalité ; pour n'avoir pu les observer, les contrôler et les dépasser, ils sont leurs caractéristiques propres.

Peu avant sa mort le Bouddha Shakyamuni s'adressa à ses disciples en prononçant les *Huit Satori du Grand Homme* :

« Mes chers disciples, vous devez comprendre que ceux qui sont ambitieux, ceux qui recherchent trop les honneurs et les profits devront souffrir.

— Si vous voulez échapper aux multiples souffrances vous devez observer le Dharma, comprendre. Ainsi vous pourrez devenir véritablement tranquilles et libres. Celui qui comprend, même s'il dort à même le sol, se sentira paisible, libre et joyeux. Celui qui ne comprend pas, même s'il dort dans le plus grand des palais, ne sera jamais satisfait. Même riche, il se sentira pauvre.

— Si vous souhaitez atteindre la véritable tranquillité, la vraie paix vous devez vivre séparés de la foule, seuls face à vous-mêmes.

— En permanence faites des efforts. De même qu'une goutte d'eau qui tombe toujours au même endroit peut creuser un trou dans la pierre, continuer est nécessaire.

— Si vous recherchez le véritable Maître ne vous illusionnez pas. Allez tout droit sur la Voie. Ceux qui réalisent cela sont sans illusion et aucun voleur ne peut entrer dans leur maison.

— Si vous contrôlez votre esprit à travers la pratique assise vous comprendrez l'ordre naturel, l'interdépendance avec le mouvement du monde.

— Par la pratique assise vous pouvez

accroître votre énergie et rester calmes et sereins.

— Si vous discutez trop avec les autres votre esprit deviendra compliqué et de nombreux troubles se produiront.

Mes chers disciples, même si je meurs ne devenez pas tristes, ne souffrez pas. Et même si je vis mille ans, ce n'est qu'un moment de l'éternité. Si on s'est rencontrés il faudra à nouveau se séparer. Aussi ai-je déjà fini de tout enseigner. Même si je vivais encore longtemps cela ne serait pas efficace car j'ai terminé d'éduquer tout le monde, dans le ciel et ailleurs. Et si je ne l'ai pas encore fait les gens entreront par la suite en relation avec mon enseignement. A partir de ce jour répandez et faites tourner cet enseignement, ainsi le Dharma du Bouddhisme existera partout et ne prendra jamais fin. Vous devez comprendre que notre vie et notre monde ne sont que *mujo,* impermanence. Tel est le véritable aspect de la vie et du monde. N'en souffrez pas, ne devenez pas tristes. Faites des efforts, pratiquez zazen, obtenez le vrai satori qui inclut les huit satori du Grand Homme mentionnés précédemment.

Dans la vraie sagesse, dans la véritable lumière de cette sagesse, existent beaucoup de folies et d'obscurités. Notre vie est vraiment dangereuse. Elle est fragile et ne peut ni rester éternellement forte, ni continuer à croître glorieusement. Même si on devient riche et obtient des honneurs, de la gloire, même la gloire du pouvoir politique, cela ne durera pas éternellement et finira comme une bulle à la surface de l'eau... »

Dans le sermon sur la montagne de l'Évangile de Matthieu, il est rapporté :

Jésus parcourut la Galilée. Des foules innombrables le suivirent. Voyant les foules, il monta sur la montagne, et quand il se fut assis, ses disciples s'avancèrent vers lui. Il leur dit :

« Heureux ceux qui ont une âme de pauvre, parce que le royaume des Cieux est à eux.

Heureux les doux, parce qu'ils hériteront de la Terre.

Heureux ceux qui sont dans le deuil, parce qu'ils seront consolés.

Heureux ceux qui ont faim et soif de la justice, parce qu'ils seront rassasiés.

Heureux les miséricordieux, parce qu'ils obtiendront miséricorde.

Heureux ceux qui ont le cœur pur, parce qu'ils verront Dieu.

Heureux ceux qui font œuvre de paix, parce qu'ils seront appelés fils de Dieu.

Heureux ceux qui sont persécutés à cause

de la justice, parce que le royaume des Cieux est à eux...

La lampe du corps, c'est l'œil. Si donc ton œil est sain, tout ton corps sera lumineux; mais si ton œil est mauvais, tout ton corps sera ténébreux. Si donc la lumière qui est en toi est ténèbres, quelles ténèbres!...

Ne jugez pas, pour n'être pas jugés. Car c'est avec le jugement dont vous jugez que vous serez jugés, et c'est avec la mesure dont vous mesurez qu'il vous sera mesuré. Qu'as-tu à regarder la paille qui est dans l'œil de ton frère, et la poutre qui est dans ton œil, tu ne la remarques pas! Ou comment vas-tu dire à ton frère : Laisse-moi retirer la paille de ton œil, et voici la poutre dans ton œil! Hypocrite! de ton œil retire d'abord la poutre; et alors tu verras clair pour retirer la paille de l'œil de ton frère...

Entrez par la porte étroite, parce que large est [la porte] et spacieux le chemin qui mène à la perdition, et ils sont nombreux ceux qui s'y engagent; parce qu'étroite est la porte et resserré le chemin qui mène à la vie, et ils sont peu nombreux ceux qui le trouvent!... »

LA VACUITÉ

Notre vie,
à quoi peut-on la comparer ?
A la goutte de rosée
secouée du bec de l'oiseau aquatique
où se mire le reflet de la lune [94].

Lorsqu'on médite sur l'impermanence, l'esprit du moi et du mien ne se produit pas, ni non plus ne s'élèvent des pensées de renommée et d'intérêt.

Tout est changeant. De *ku,* la vacuité, naissent tous les phénomènes. Et à la fin tout est zéro. De zéro naissent tous les phénomènes, et ils reviennent à zéro. Dans le sutra du *Hannya Shingyo,* le sutra de la Grande Sagesse, il est dit : Dans le monde de *ku,* de la vacuité, rien ne croît, ni ne décroît. Dans *ku* tout est égal à zéro.

Durant la pratique de zazen, l'esprit va de pensée en non-pensée et de non-pensée en pensée. Le point de jonction est zéro. Lorsqu'on change d'état de conscience on passe par zéro. D'où l'importance d'arrêter tout mouvement, toute parole, toute pensée et de s'asseoir tranquillement en silence, comme l'ont toujours prôné tous les Maîtres zen.

Jésus disait aussi :

Si vous ne jeûnez pas au monde,
vous ne trouverez pas le Royaume.
Si vous ne célébrez pas le Shabbat comme un
Shabbat,
vous ne verrez pas le Père.

Introduire un temps d'arrêt, de recul au
milieu de la danse des phénomènes pour
parvenir à notre être essentiel.

« Quelle est la sainte vérité ? » demanda un
jour l'empereur Wu à Bodhidharma.

« *Kakunen musho,* un vide insondable et rien
de sacré. C'est la totale vacuité où il n'y a
plus rien du tout, au-delà de la sainteté et de
la folie. »

Dans *kakunen musho* il n'y a plus ni bien, ni
mal, ni haine, ni amour. C'est complètement
le ciel pur, sans nuage, bleu, immense, infini.
Au-delà de la vie et de la mort, au-delà du
satori et des illusions. Ainsi peut-on parvenir
à la vérité ultime qui se situe au-delà de tout
attachement.

Le cosmos est mouvement et non-mouvement.
Le mouvement naît du non-mouvement,
Et les deux s'engendrent mutuellement.
La rotation du globe naît de l'immuabilité des
cieux.
Les cieux éternels naissent de la lumière.

La lumière,
Source de l'ordre cosmique [95].

« Si nous ouvrons les mains nous pouvons recevoir toutes choses. Si nous sommes vides nous pouvons contenir l'univers tout entier. Vide c'est la condition de l'esprit qui ne s'attache à rien et qui vit pleinement l'instant présent », disait encore Maître Deshimaru.

Jan van Ruysbroek écrit :

« Quand les facultés supérieures, libres de choses temporelles et de satisfactions sensibles, sont élevées dans l'unité (de leur essence), alors se produit pour l'âme et pour le corps un état de repos bienfaisant... Si l'homme est vide et sans image, en ce qui concerne les sens, et sans activité au plan de ses puissances supérieures, il arrive de façon purement naturelle au repos. »

Notre monde phénoménal est un monde dualiste qui part de la vacuité, *ku,* et aboutit à *ku.* Comprendre cette loi, non par l'intellect, mais à travers la réalisation vécue, à travers le corps-esprit, c'est le satori.

Jésus disait :

Quand le disciple est ouvert,
il est rempli de lumière.
Quand il est partagé,
il est rempli de ténèbres.

« L'ouvert, c'est l'espace infini au cœur même de l'espace, celui qui contient tout et n'est contenu par rien. Tout le processus de transformation est un processus d'ouverture, que ce soit au niveau physique (déblocage des tensions), au niveau psychique (dénouer le nœud du cerveau), au niveau spirituel (permettre à l'amour et à la lumière de vivre, de pardonner, d'éclairer à travers nous).

Le but de cette transformation est de demeurer dans l'ouvert : le corps perméable à toutes les énergies de l'univers, le cœur ouvert à une haute tendresse, l'esprit transparent, miroir où se réfléchissent paisiblement les mille et une choses...

L'homme totalement ouvert permet à l'Un de se manifester. L'Unité de toutes choses se révèle alors en lui et à travers lui [96]. »

Ku est la source principale de toutes les pratiques du Bouddhisme Mahayana et la base du sutra de la *Prajna paramita* dont le sutra du *Hannya Shingyo* fait partie. A travers la pratique de zazen on peut réaliser que la vraie compréhension ne se fait pas à l'issue d'un processus analytique méticuleux, mais elle est une vue synthétique, intuitive, directe de *ku* qui est le point de départ de toute compréhension. A partir de l'intuition de *ku* on peut alors comprendre tous les phénomènes. Toutes les existences sont changeantes. Toutes sont vouées à la vie et à la mort. Tous les êtres sensibles et tous les objets inanimés subissent la même loi universelle : naissance, développement et croissance, puis dégénérescence et mort, extinction... Il n'y a pas de noumène permanent, pas d'entité de notre ego.

La loi de l'interdépendance maintient dans un état parfait d'équilibre toutes les relations et interactions du monde phénoménal ; de l'eau à l'air, du corps humain aux systèmes planétaires, tout est régi par cette loi dans la parfaite harmonie des interrelations. Les phénomènes sont la cause directe du karma. Tout phénomène apparaît par l'action. Le mouvement procède de *ku ;* il en est l'aspect phénoménal ; aussi tous les phénomènes sont les ombres de *ku,* les ombres de l'esprit originel. *Ku* transcende les extrêmes, les polarités. C'est la Voie du milieu du Bouddhisme qui se situe par-delà les contraires.

Toutes les existences, toutes les illusions se ramènent à *ku.* Et, en réalité, il n'y a ni illusion ni désillusion, ni juste ni faux, ni obscurité ni lumière... La lumière totale est tout l'obscur, et tout l'obscur devient la lumière.

La nature de Bouddha devient existence

humaine, et ainsi les existences humaines ont la nature de Bouddha, de Dieu, la nature originelle.

A la mort, corps et conscience individuelle disparaissent, tandis que karma et vie universelle continuent éternellement ; mourir c'est retourner à *ku,* à l'essence véritable de nousmême.

Pour Maître Eckhart « Dieu est un néant et est quelque chose. Dieu est un être qui a en lui la totalité de l'être [97]. »

Cet être sans mélange cependant qui est le fond de Dieu et notre propre fond, ce vide, ce néant de quelque chose mais non-néant d'existence n'est pas du tout l'étape ultime de la connaissance. En effet, celui qui connaît l'être est hiérarchiquement supérieur à ce qu'il connaît. Ainsi l'être qui pourtant est pur néant n'est même pas la connaissance ultime puisque quelqu'un connaît cet être. Il reste à connaître ce quelqu'un, cet intellect.

« L'intellect pénètre dans l'Être pur [98]. »

« Quand nous prenons Dieu dans l'Être nous le prenons dans son parvis car l'Être est son parvis dans lequel il réside [99]. »

« L'intellect est le temple de Dieu. Nulle part Dieu ne réside plus véritablement que dans son temple [100]. »

« Dieu est un intellect qui vit dans la connaissance de lui seul, demeurant seul en

lui-même, là où rien jamais ne l'a touché car
là il est seul dans son silence [101]. »

Cet intellect est au-dessus de tout savoir,
au-delà de l'Être et du non-Être, au-delà de
tout nom (*ku* n'est pas *ku*), au-delà de la
connaissance et de la non-connaissance, Un,
détaché de tout. Il est à remarquer que les
deux couples dans le Bouddhisme zen *ku* et
shiki (la vacuité et les phénomènes) et l'Être
et l'Étant (ce qui est) chez Maître Eckhart
sont tous deux présentés comme les deux
faces d'une même réalité. Dans le Zen cette
réalité n'est pas nommée, Maître Eckhart la
définit comme étant la différence entre l'Être
et l'Étant, cette différence prise en elle-même
est unité et résout ainsi la dualité. Cette
différence ontologique c'est le détachement,
c'est Dieu même.

REJETER SON CORPS ET SON ESPRIT

Rejeter son corps et son esprit pour retrouver la pure condition de la conscience où
nulle exigence ne nous attache, abandonner
l'attachement à l'ego, le corps et l'esprit
complètement métamorphosés, à ce moment-
là se réalise la véritable liberté.

C'est « lâcher le vieil homme » chez les
chrétiens, le moi superficiel, plein de vanité

au bénéfice du vrai soi qui sera l'interlocuteur de Dieu. C'est mourir à soi-même, « entrer vivant dans son cercueil », comme prônent les Maîtres zen, pour naître à nouveau.

Le frère Laurent de la Résurrection [102], dit : « qu'il fallait se donner entièrement et en plus abandon à Dieu (...) et prendre son contentement dans l'exécution de sa volonté, soit qu'il nous conduisît par les souffrances en les consolations ; que tout devait être égal à celui qui était vraiment abandonné. Qu'il fallait des fidélités dans les aridités par où Dieu éprouvait notre amour pour lui. (...) Que pour parvenir à s'abandonner à Dieu autant qu'il le désirait de nous, il fallait veiller attentivement sur tous les mouvements de l'âme qui se mêlent aussi bien dans les choses spirituelles que les plus grossières ; que Dieu donnait lumière pour cela à tous ceux qui avaient le véritable désir d'être à lui ; que si j'avais ce dessein, je pouvais le demander quand je voudrais, sans crainte de l'importuner ; que, sans cela, je ne devrais point venir voir. »

Dans *Le Désert intérieur* [103] Marie-Madeleine Davy écrit :

« Cette nouveauté de vie ne survient qu'après un ultime détachement de tout ce qui encombre et qu'on a pu durant longtemps supposer nécessaire. Dans ce mouvement essentiellement dynamique, aucune tradition n'est récusée, aucune religion écartée. Traditions et religions sont épurées des divers revêtements imputables à l'histoire. Elles deviennent d'autant plus vivantes, qu'elles sont enfin dégagées du fatras qui les encombrait et rebutait les hommes épris d'absolu et d'authenticité. Privées de leur gangue, elles libèrent enfin leurs parcelles d'or.

De même, l'homme est appelé à se débarrasser de son plomb, de sa finitude, de son pseudo-savoir, de ses fausses croyances, des superstitions auxquelles il a prêté foi. Tout doit être revu, purifié. Il lui faut pénétrer dans le creuset alchimique d'où surgira le grand œuvre : l'apparition de l'étincelle divine.

Mystérieux, ce creuset symbolise moins un lieu qu'un état. Il inaugure un passage du dehors au-dedans, du chaos à l'ordonnance, de l'esclavage à la liberté. Terrain de formation, sur lequel chacun se doit de tracer lui-même sa piste, il ne peut être abordé que par ceux qui consentent au dénuement, à la nudité, au vide, au détachement suprême à l'égard de soi-même. Seul l'homme privé de tout bagage dans ses mains, de tout savoir et souvenirs dans sa tête, de toute possession intellectuelle en passera le seuil. Ne pourra s'y mouvoir que celui qui préfère l'essence à l'existence, la contemplation à l'action, l'éternité au temps, l'absolu au relatif, le sens intérieur à la littéralité, le silence à la parole ou à l'écriture... »

Pour Maître Eckhart, rejeter son corps et son esprit c'est faire de telle sorte qu'ils soient unis suivant l'Être. A ce moment-là il n'y a ni corps ni esprit mais unité. Alors, rien ne nous différencie de Dieu. L'Être doit être pur c'est-à-dire ne pas être l'Être de ceci, de cela mais un Être sans essence, pure existence. Et l'âme doit s'oublier elle-même pour se connaître.

« Pour que l'âme connaisse Dieu il faut qu'elle s'oublie elle-même, il faut qu'elle se perde elle-même, car si elle se connaissait elle-même elle ne connaîtrait pas Dieu, mais elle se retrouve en Dieu. Du fait que l'âme connaît Dieu elle se connaît elle-même et en lui toutes choses dont elle s'est séparée [104].

« Si je dois connaître l'Être je dois le connaître non pas là où il est divisé mais là où il est l'Être en soi c'est-à-dire Dieu [105]. »

Car si l'on veut connaître Dieu qui est pure existence on doit tout oublier mais, en même temps, en connaissant Dieu on connaît toutes choses, et l'on connaît ainsi l'âme. Donc paradoxalement il faut s'oublier pour se connaître.

Rejeter son corps et son esprit est pour

Maître Eckhart être complètement détaché de tout ce qui est personnel, de toute notion d'intériorité ou d'extériorité, scruter seulement les profondeurs de l'être.

« Gardez-vous donc de vous accepter selon que vous êtes cet homme-ci ou cet homme-là, mais acceptez-vous selon la nature humaine libre et indivisé [106]. »

« Tout le temps que l'âme perçoit quelque diversité elle n'est pas telle qu'elle doit être : tout le temps que quelque chose regarde vers l'extérieur ou vers l'intérieur cela n'est pas unité [107]. »

« Toute notre vie devrait être un être. Dans la mesure où notre vie est un être dans cette mesure elle est en Dieu [108]. »

LE SATORI DU ZEN ET LA COMMUNION DIVINE DU CHRISTIANISME

Dans une fleur de lotus de nombreuses graines sont en germe. Lorsque les pétales tombent elles donnent un fruit à l'intérieur duquel se trouve encore une fleur. Le *sutra du Lotus* dit : « Ceci est la preuve secrète que zazen est le satori du Bouddha. » Le satori est à l'intérieur de zazen, il est inclus dans zazen, comme la fleur de lotus. Zazen lui-même est

satori. La pratique et le satori sont unité. Ils
ne sont pas séparés. Le satori n'existe pas
indépendamment de la pratique et pratique
et satori sont l'actualisation de la Vérité, tel
est le premier principe sur lequel repose le
Zen de Maître Dogen et des Patriarches.

« Le satori du Zen, l'éveil n'est pas un état
spécial mais seulement la condition naturelle,
originelle du corps et de l'esprit. C'est voir sa
propre nature, la vie sans commencement ni
fin, la seule réalité, d'où émanent tous les
univers, tous les phénomènes de la manifestation, dans leur totalité et leur intégralité, dans
toutes les modalités d'existence. Il n'y a plus
de différenciation entre objet de connaissance
et sujet qui connaît. Le point de rencontre
entre l'ego et toutes les existences, le point de
rencontre entre l'ego et Bouddha et sa disparition est l'éveil [109]. »

Shin jin gakudo, l'étude de la Voie avec le
corps et l'esprit, est l'essence du satori. Tout
l'univers est notre corps. Notre corps est
l'univers entier. Le corps réel de l'homme,
c'est les os et la moelle du royaume qui est au-
delà de la conscience et de l'inconscience.
L'unité avec l'absolu fait que l'homme
devient Dieu ou Bouddha. Zazen en soi est
Dieu ou Bouddha. A travers l'expérience
mystique, l'Esprit saint pénètre l'esprit de
l'homme qui devient Esprit du Fils Unique

en unité avec Dieu. Lorsque le Christ, dans sa prière, fut investi par l'Esprit, il accéda au plus haut bonheur, et fut absorbé dans son corps par la puissance cosmique infinie. Et, tout comme le Bouddha Shakyamuni après son éveil sous l'arbre de la Bodhi, il réalisa que toutes les existences et tous les *dharma* étaient le principe actif du cosmos et sa manifestation. Il s'éveilla au fait que la puissance cosmique fondamentale devint lui-même, et lui-même était la réalisation.

La connaissance du vrai soi, cette expérience intuitive de l'Être, est une remise en question de notre vision du réel, un bouleversement qui conduit à la lumière, à l'émerveillement dont parle Thomas dans son Évangile :

> *Jésus disait :*
> *Que celui qui cherche,*
> *soit toujours en quête*
> *jusqu'à ce qu'il trouve,*
> *et quand il aura trouvé*
> *il sera dans le trouble,*
> *ayant été troublé, il s'émerveillera,*
> *il régnera sur le Tout.*

C'est le chemin de la connaissance où « on ne se perçoit plus séparé, on ne fait plus qu'un avec ce qui règne sur le tout. C'est le

même esprit, le même souffle, la même énergie qui me traverse et qui fait vibrer les
montagnes [110] ».

Pour faire cette expérience l'homme doit
rentrer en lui-même, dans ce fond de l'âme
dont parlent si souvent les mystiques du
Moyen Age. Jean Tauler dit :

« Ce fond doit être cherché et trouvé.
L'homme doit aller dans cette maison, échapper à tous les sens et à tout ce qui est sensible,
à tout ce que cette créatrice qu'est l'imagination et ses représentations sensibles ont
apporté à leur manière, même aux images
rationnelles (représentations) et aux produits
de la raison (idées). Quand l'homme vient
dans cette maison et y voit Dieu, la maison
est retournée; alors Dieu le cherche et il
retourne complètement cette maison comme
quelqu'un qui cherche... Toutes les formes,
toutes les lumières, tout ce qui est donné ou
révélé ou qui s'est jamais passé, tout est
complètement retourné dans cette
recherche. »

Tout doit être abandonné. C'est la mort
mystique sans laquelle il n'y a pas de vie
nouvelle. Tauler continue : « Dans cette
conversion, s'il s'y laisse aller, l'homme est
conduit indiciblement plus loin que par
toutes les œuvres, instructions ou règles qui
ont pu être conçues et inventées. Ceux qui y

réussissent bien sont les plus aimables de tous les hommes, et tout devient pour eux si facile qu'à chaque instant, s'ils le veulent, ils rentrent en eux-mêmes et survolent toute la nature. »

Et Jan van Ruysbroek souligne :

« Tu dois savoir que l'esprit, par son être essentiel, reçoit le Christ à son arrivée dans la simple nature, directement et immédiatement. Car l'être et la vie que nous sommes en Dieu, notre modèle éternel, et que nous avons en nous dans notre être essentiel, cela est sans intermédiaire et sans séparation (éternellement uni à Dieu). (...) Et pour cette raison l'esprit possède essentiellement Dieu dans la simple nature, et Dieu possède l'esprit ; car celui-ci vit en Dieu et Dieu en lui, et dans sa partie supérieure l'esprit est capable de recevoir directement la clarté de Dieu et tout ce qu'elle peut produire... »

Saint Syméon le Nouveau Théologien, dans ses *Hymnes* [111] écrit :

> *Je suis assis sur ma couche tout en étant en dehors*
> *   du monde, au milieu de ma cellule.*
> *Celui qui est en dehors du monde, je le vois présent,*
> *   je le vois et je lui parle.*
> *Et — j'ose le dire ! — je l'aime et lui de son côté*
> *   m'aime.*
> *Je mange, je me nourris avec lui de cette contem-*

plation seule et, ne faisant qu'un avec lui je
franchis les cieux.
Que ceci soit vrai et sûr, je le sais ; mais où alors
  se trouve mon corps, je l'ignore.
Je sais que descend celui qui demeure immobile,
je sais que m'apparaît celui qui demeure invisible ;
je le sais, celui qui est séparé de toute la création
  me prend au-dedans de lui et me cache dans ses
  bras,
et dès lors je me trouve en dehors du monde entier.
Mais, à mon tour, moi, mortel, moi, tout petit
  dans le monde,
je contemple en moi-même, tout entier, le Créateur
  du monde,
et je sais que je ne mourrai pas, parce que je suis
  au-dedans de la vie,
et que j'ai la vie tout entière qui jaillit au-dedans
  de moi.

Mais tant que son propre moi, son sentiment de lui-même barre sa route, l'homme ne
peut traverser ce qu'un chartreux anglais du
XIVᵉ siècle appelle : *Le Nuage d'inconnaissance*[112], cette sphère d'inconnaissance qui se
trouve entre Dieu et l'homme.

« Applique-toi à détruire toute connaissance et tout sentiment des créatures, mais
surtout de toi-même. C'est de la connaissance
et du sentiment de ton être propre que
dépendent ceux des autres créatures ; et si tu

peux réussir à t'oublier toi-même, tu oublie-
ras plus facilement ces autres créatures. Fais-
en sérieusement l'essai ; tu trouveras qu'après
avoir perdu le souvenir de toutes les créatures
et de leurs œuvres, et même de tes propres
actions, il te restera encore, interposées entre
toi et ton Dieu et dépouillées de toute considération, la connaissance et la conscience de
ton être propre. Voilà ce qu'il faut détruire si
tu veux voir arriver le moment où tu goûteras
la perfection de cette œuvre. »

Après s'être dépouillé de son propre être
comment se comporter avec soi-même ?

« Et de la même manière, si quelque autre
homme te disait de recueillir tout en toi-
même tes facultés et tes sens, et ainsi d'adorer
Dieu — bien que ce qu'il dise soit parfaitement bien et tout vrai, ah ! et personne ne
dirait plus vrai, pour peu que cela soit bien
conçu — néanmoins, par crainte des illusions
et erreurs, et que ces mots soient entendus
corporellement, je ne t'ai point prié de le
faire. Regarde à n'être en aucune façon au-
dedans de toi-même. Très vite je te dirai, et
en bref : ce n'est pas que je veuille que tu sois
hors de toi-même, ni au-dessous, ni derrière,
ni d'un côté, ni de l'autre.

" Mais où donc, demandes-tu, faut-il que
je sois ? Nulle part, à ce qu'il paraît ! " Et oui,
réellement tu l'as bien dit : car c'est là que je

te veux avoir. Parce que nulle part, corporellement : c'est partout, spirituellement... »

Puis il exprime les effets extraordinaires de
l'expérience du rien :

« Prodigieusement est métamorphosée
l'affection humaine en sentiment spirituel
par ce rien quand il est conçu nulle part. Car
au premier instant qu'une âme y regarde,
elle y trouvera et verra tous les actes pecca-
mineux particuliers qu'elle a commis depuis
la naissance, de corps et d'esprit, représentés
obscurément ou secrètement. Et où qu'elle se
tourne alentour, toujours elle les verra
devant ses yeux : jusqu'à ce que le temps
vienne, où, avec beaucoup de dur et pénible
travail, et maint cruel soupir, et maintes
larmes amères, elle s'en soit en grande part
lavée... »

Mais même arrivé à un certain niveau et
réjoui d'être arrivé à ce point il faut toujours
aller plus loin. Cette même pensée se
retrouve chez les Maîtres zen :

« Même parvenu au sommet d'un mât de
cent mètres il faut encore faire un pas supplémentaire. »

Toujours persévérer, comme l'exhorte
l'auteur du *Nuage d'inconnaissance* :

« Et c'est pourquoi travaille ferme en ce
rien et nulle part, et laisse tes sens corporels
du dehors et tout ce qu'ils font : car je te le

dis véritablement, cette œuvre ne peut et ne
saurait être conçue par eux.

Car par tes yeux, tu ne te fais idée d'une
chose, si ce n'est qu'elle est large ou longue,
grande ou petite, ronde ou carrée, loin ou
près, et qu'elle a telle couleur. Et par tes
oreilles, rien que le bruit ou quelque manière
de son. Par ton nez, rien que la puanteur ou le
parfum. Et par le goût, rien que l'aigreur ou
douceur, amertume ou fadeur, l'agrément ou
dégoût. Et par le toucher, rien que le chaud
ou froid, le tendre ou dur, le lisse ou rugueux.
Et véritablement, ces qualités et quantités,
Dieu ne les a, ni aucune chose spirituelle.
C'est pourquoi donc, laisse tes sens externes
et ne travaille point avec eux, pas plus
intérieurement qu'extérieurement; car tous
ceux qui se mettent à être ouvriers spirituels
intérieurement, et qui s'imaginent pouvoir
cependant entendre ou voir, sentir ou goûter,
soit intérieurement soit extérieurement, les
choses spirituelles, ceux-là sont assurément
dans l'illusion et font œuvre contre nature...

De semblable manière en va-t-il de nos
sens spirituels, lorsque nous travaillons à la
connaissance de Dieu Lui-même. Car un
homme aurait-il comme jamais la compréhension et connaissance de toutes choses
spirituellement créées, néanmoins il ne peut
jamais, par l'œuvre de cette intelligence,

venir à la connaissance d'une chose spirituelle non créée, laquelle n'est autre que
Dieu. Mais par l'impuissance et cessation
de cette intelligence, il le peut : car la
chose devant laquelle elle est impuissante
n'est pas autre chose que Dieu seul. Et
c'est pourquoi saint Denis a dit : " La
plus parfaite connaissance de Dieu est
celle où Il est connu par inconnaissance ". »

Pour Maître Eckhart, Dieu nous aime et
veut notre bien. Il désire se faire connaître
à nous.

« Dieu aime tellement mon âme que sa
vie et son être dépendent de l'amour dont
il est contraint de m'aimer qu'il en ait
joie ou peine [113]. »

« Jamais homme ne désira quoi que ce
soit autant que Dieu désire amener
l'homme à le connaître [114]. »

Dieu donne et se donne par nature, il y
est contraint.

« La nature de Dieu est de donner et il
appartient à son être de nous donner si
nous sommes en bas [115]. »

« Sa Déité dépend de ce qu'il peut se
communiquer à tout ce qui lui est réceptif
et s'il ne se communiquait pas il ne serait
pas Dieu [116]. »

La communion avec Dieu est la finalité de la vie.

« Dieu fit l'âme si semblable si égale à lui afin de pouvoir se donner à l'âme car quoi qu'il lui donnât d'autre, elle le tiendrait pour rien [117]. »

A Dieu seul appartient la décision de l'union.

« A Dieu appartient l'opération, à l'âme le désir ainsi que le pouvoir que Dieu naisse en elle et elle en Dieu [118]. »

L'union avec Dieu n'est pas progressive c'est une irruption.

« Dieu habite et réside dans une lumière vers laquelle il n'est pas d'accès. A cela il n'y a pas d'accès progressif, c'est une arrivée [119]. »

Cette union s'appelle baiser de la Déité, naissance du fils dans l'âme, baptême de l'âme en Dieu, percée.

« Quand l'âme reçoit un baiser de la Déité elle acquiert toute sa perfection et sa béatitude, alors elle est embrassée par l'unité. Dans le premier contact où Dieu a touché l'âme et la touche comme incréée et incréable l'âme est par ce contact de Dieu aussi noble que Dieu lui-même [120]. »

« Quand l'âme est totalement unie à Dieu et plongée dans la nature divine, tous les obstacles, toute sa faiblesse et son instabilité disparaissent, elle est absolument rénovée dans une vie divine [121]. »

« Quand la petite étincelle de l'âme est saisie en Dieu dans sa pureté alors a lieu la naissance, alors le Fils est né. Cette naissance ne se produit pas une fois dans l'année, ni une fois dans le mois, ni une fois dans la journée mais en tout temps, c'est-à-dire au-dessus du temps, dans l'amplitude où n'est ni ici ni maintenant, ni nature ni pensée [122]. »

« Alors l'âme est baptisée en Dieu et baptisée dans la nature divine, elle reçoit là une vie divine et elle attire à elle l'ordre divin en sorte qu'elle est ordonnée selon Dieu [123]. »

Ainsi selon Maître Eckhart l'homme a deux naissances, l'une dans le monde et l'autre en Dieu. A sa naissance dans le monde l'homme reçoit son être créé, ensuite il peut recevoir son être incréé qui est l'image de Dieu. Cet être est incréé car Dieu est incréé (quel était ton visage avant ta naissance ?) et immortel comme Dieu est immortel. Être le fils de Dieu c'est connaître Dieu et se connaître soi-même dans la même opération. Être uni à Dieu c'est donc être l'image de Dieu, son fils qu'il engendre, être totalement ce que Dieu est dans son fond, mais cela n'est pas être Dieu, car l'image dépend de ce dont elle est l'image. Elle prend son être du modèle tandis que le modèle ne prend son être de personne. Le seul moyen de connaître le Père et de se connaître soi-même c'est de devenir le fils unique que le Père engendre éternellement.

« Personne ne connaît le Père si ce n'est le fils si donc vous voulez connaître Dieu vous devez non seulement être semblable au fils mais être le fils lui-même [124]. »

« Nous sommes un fils unique que le Père a engendré éternellement [125]. »

« Le Père ne connaît rien d'extérieur au fils. Il a une si grande joie en son fils qu'il n'a pas d'autre besoin que d'engendrer son fils, car celui-ci est une similitude parfaite et une image parfaite du Père [126]. »

« Il faut savoir que connaître Dieu et être connu de Dieu sont un [127]. »

Pour devenir le fils de Dieu il suffit de tout quitter et de laisser Dieu agir.

« Si vous devez être un seul fils il faut que vous soyez séparé et détaché de tout ce qui introduit en vous une différence [128]. »

« Que nous soyons soustrait à nous-même et inséré en Dieu ce n'est pas difficile car il faut que Dieu lui-même l'accomplisse en nous ; c'est une œuvre divine, l'homme n'a qu'à suivre sans résister ; qu'il le supporte et laisse Dieu agir [129]. »

« Lorsque l'âme parvient à la lumière sans mélange, elle pénètre dans son néant, si loin dans ce néant qu'elle ne peut absolument pas revenir par sa propre force dans son quelque chose de créé [130]. »

Jean de la Croix, dans *La Nuit obscure*, nous montre combien l'âme est parvenue au plus grand bonheur, lorsque après avoir parcouru le chemin étroit de la vie éternelle, elle arrive à l'union parfaite d'amour avec Dieu :

> *Par une nuit profonde,*
> *Étant pleine d'angoisse et enflammée d'amour,*
> *Oh ! l'heureux sort !*
> *Je sortis sans être vue,*
> *Tandis que ma demeure était déjà en paix.*

> *J'étais dans les ténèbres et en sûreté*
> *Quand je sortis déguisée par l'escalier secret,*
> *Oh ! l'heureux sort !*
> *J'étais dans les ténèbres et en cachette,*
> *Tandis que ma demeure était déjà en paix.*

> *Dans cette heureuse nuit,*
> *Je me tenais dans le secret, personne ne me voyait,*
> *Et je n'apercevais rien*
> *Pour me guider que la lumière*
> *Qui brûlait dans mon cœur.*

> *Elle me guidait*
> *Plus sûrement que la lumière du midi*

Au but où m'attendait
Celui que j'aimais,
Là où nul autre ne se voyait.

O nuit qui m'avez guidée !
O nuit plus aimable que l'aurore !
O nuit qui avez uni
L'aimé avec sa bien-aimée
Qui a été transformée en lui !

Sur mon sein orné de fleurs,
Que je gardais tout entier pour lui seul,
Il resta endormi,
Et moi je le caressais
Et avec un éventail de cèdre je le rafraîchissais.

Quand le souffle provenant du fort
Soulevait déjà sa chevelure,
De sa douce main
Posée sur mon cou il me blessait,
Et tous mes sens furent suspendus.

Je restai là et m'oubliai,
Le visage penché sur le Bien-Aimé.
Tout cessa pour moi, et je m'abandonnai à lui.
Je lui confiai tous mes soucis
et m'oubliai au milieu des lis.

Et Thomas, dans son Évangile, écrit :

Les disciples de Jésus demandèrent,
Quel sera le jour de ton apparition ?
Quel sera le jour de notre vision ?
Jésus répondit :
Le jour où vous serez nus
comme des enfants nouveau-nés
qui marchent sur leurs vêtements,
alors vous verrez le Fils du Vivant.
Pour vous, il n'y aura plus de crainte.

L'essence de l'originel est nue, pure, sans différence. Jour après jour, le silence continue, brillant partout.

Silencieuse est la fleur
en ce début d'avril.
Rose est la couleur de ce printemps.
Sans pensée, la musique du vent
dans les pins,
joue sa très belle mélodie[131].

Et

Au-delà des limites de ce monde
où la fleur est rouge et le saule vert,
il est un monde
où le héron est noir et le corbeau blanc[132].

NOTES

Préface

1. J. B. du Halde, J. Grasset, P. Parennin, P. de Charle-
voix, Ch. le Gobien cités par H. de Lubac in *La Rencontre du
Bouddhisme et de l'Occident*, Aubier, 1952.
2. *The Perfect Way*, traduction française, p. 248-249, cité
par René Guénon, *Le Théosophisme*, p. 178.
3. Paul Claudel, *Connaissance de l'Est* (1907), cité et
approuvé par Henri de Lubac, *op. cit.*, p. 280.
4. Henri de Lubac, *op. cit.*, p. 281.
5. Romano Guardini, *Le Seigneur*, t. I, p. 346, tr. Pierre
Lorson.

Introduction

1. *Être Jésus*, M. de Smedt et J.-M. Varenne, R. Laffont.
2. Métropolite Antoine, exarque du Patriarche de Mos-
cou.
3. Jean-Yves Leloup. Introduction à *L'Évangile de Thomas*,
Albin Michel.
4. Émile Gillabert, *Jésus et la Gnose*, Dervy-Livres.
5. Bodhidarma.
6. *Za :* s'asseoir.
   Zen : concentration de l'esprit.
7. L'habit de Bouddha, l'habit du moine.
8. Actuellement pour tout renseignement s'adresser au :

Dojo Zen, 17, rue des Cinq-Diamants, 75013 Paris. Tél : 45-80-10-00, 45-80-08-87.

9. Périodes de pratique intensive de Zazen et de la concentration dans tous les gestes de la vie du temple.

I. *Témoignages*

1. *Satori*, en sanscrit : *samyak sambodhi*. La Voie, la Vérité, l'Esprit, la Vérité éternelle. S'éveiller, comprendre que notre ego n'a pas de noumène, d'existence propre. Nous sommes impermanents. A la mort le corps physique se termine, nous retournons à l'ordre cosmique. Notre relation avec le cosmos est éternelle.

2. Courrier personnel.

3. *Zen et Bible,* éd. Épi.

4. Propos recueillis par Marc de Smedt, *Question de,* n° 69.

5. Quatrième des vœux du bodhisattva du Bouddhisme mahayana.

6. *Zenrin Kyashu.*

7. Revue *Études,* sept. 1987, « Quand les chrétiens pratiquent le Zen ».

II. *Rencontres entre Zen et Christianisme*

1. *Évangile de Thomas,* traduit et commenté par J. Y. Leloup, Albin Michel. (C'est une collection de 114 Logia.)

2. Tous les phénomènes de l'univers deviennent vérité éternelle.

3. S.2, *Sermons de Maître Eckhart,* éd. du Seuil.

4. S.54[b], *ibid.*

5. S.6, *ibid.*

6. S.10, *ibid.*

7. HN, *De l'homme noble,* éd. du Seuil.

8. S.5[b], *Sermons de Maître Eckhart,* éd. du Seuil.

9. S. 73, *op. cit.*

10. S. 59, *op. cit.*

11. S. 77, *op. cit.*

12. S. 77, *op. cit.*

13. « Qu'en est-il vraiment du silence ? »
14. « Par le silence l'ordre cosmique peut nous pénétrer. »
15. Marc de Smedt, *Éloge du silence*, Albin Michel.
16. Maître Dogen, *San sho do ei*, recueil de poèmes.
17. Lieu où l'on pratique la Voie.
18. Coussin sur lequel on s'assied pour faire zazen.
19. Illusions : désirs, passions...
20. Les affamés.
21. Les démons guerriers.
22. Compréhension dogmatique et pour soi-même.
23. Zen solitaire, ascétisme, sans altruisme.
24. Seulement s'asseoir.
25. Maître Taisen Deshimaru.
26. Maître Wanshi (1090-1157).
27. *Exercices spirituels*, éd. du Seuil.
28. Ignace de Loyola, *op. cit.*
29. Maître Yoka Daishi (665-713). *Shodoka*, le Chant de l'immédiat satori.
30. *Le Nouveau Testament*, traduction Osty et Trinquet, éd. Siloé.
31. *Ibid.*
32. *Ibid.*
33. Extrait de *l'Évangile de saint Matthieu*, traduction Osty et Trinquet, éd. Siloé.
34. Maître Taisen Deshimaru.
35. Pierre-François de Béthune.
36. (1290-1366).
37. Maître Taisen Deshimaru.
38. *Ibid.*
39. IS, *Instructions spirituelles*, éd. du Seuil.
40. IS, *ibid.*
41. IS, *ibid.*
42. IS, *ibid.*
43. Éd. du Seuil.
44. Jean-Yves Leloup, *op. cit.*
45. S.76, *Sermons de Maître Eckhart*, éd. du Seuil.
46. S.47, *op. cit.*
47. S.47, *op. cit.*
48. S.9, *op. cit.*
49. S.8, *op. cit.*

50. IS, *Instructions spirituelles*, éd. du Seuil.
51. HN, *De l'homme noble*, éd. du Seuil.
52. Maître Taisen Deshimaru.
53. Ignace de Loyola, *op. cit.*
54. S.8, *Sermons de Maître Eckhart*, *op. cit.*
55. S.8, *op. cit.*
56. S.31, *op. cit.*
57. S.53, *op. cit.*
58. S.53, *op. cit.*
59. S.8, *op. cit.*
60. S.30, *op. cit.*
61. S.21, *op. cit.*
62. HN, *De l'homme noble*, éd. du Seuil.
63. Maître Hakuin Ekaku, XIII[e] siècle. Extrait de : *Rien qu'un sac de peau*, Albin Michel.
64. S.12, *Sermons de Maître Eckhart*, éd. du Seuil.
65. S.5[b], *ibid.*
66. S.53, *ibid.*
67. S.5[b], *ibid.*
68. S.53, *ibid.*
69. S.5[b], *ibid.*
70. S.69, *ibid.*
71. S.5[a], *ibid.*
72. S.5[b], *ibid.*
73. S.6, *ibid.*
74. S.6, *ibid.*
75. Marc, I, 14-15.
76. Éd. Épi.
77. Matthieu V, 43-45.
78. Jacques Brosse, dans *Satori*, Albin Michel.
79. Genèse 3. Extrait de : *Lumière de la Bible*, René Boureau, éd. Droguet-Ardant.
80. Carnets de notes de Vincent Bardet.
81. Maître Taisen Deshimaru.
82. S.51, *op. cit.*
83. S.6, *op. cit.*
84. LC, *Livre de la consolation divine*, éd. du Seuil.
85. S.6, *Sermons de Maître Eckhart*, éd. du Seuil.
86. S.66, *op. cit.*
87. LC, *Livre de la consolation divine*, éd. du Seuil.

88. S.43, *Sermons de Maître Eckhart*, éd. du Seuil.
89. S.9, *op. cit.*
90. S.73, *op. cit.*
91. S.29, *op. cit.*
92. S.71, *op. cit.*
93. J. Y. Leloup, *op. cit.*
94. Maître Dogen.
95. Maître Taisen Deshimaru.
96. J. Y Leloup, *op. cit.*
97. S.71, *Sermons de Maître Eckhart*, *op. cit.*
98. S.3, *op. cit.*
99. S.9, *op. cit.*
100. S.121, *op. cit.*
101. S.122, *op. cit.*
102. Entretien avec le frère Laurent de la Résurrection le 3 août 1666, paru dans *L'Expérience de Dieu*, éd. du Seuil.
103. Albin Michel.
104. S.68, *Sermons de Maître Eckhart*, *op. cit.*
105. S.68, *op. cit.*
106. S.46, *op. cit.*
107. S.29, *op. cit.*
108. S.8, *op. cit.*
109. Maître Taisen Deshimaru.
110. Jean-Yves Leloup, commentaires de l'*Évangile de Thomas*, Albin Michel.
111. Hymnes extraites de *Sources chrétiennes*, éd. du Cerf, cité dans *Entretiens avec un ermite de la sainte Montagne* sur la prière du cœur, éd. du Seuil.
112. Manuscrit anonyme du milieu du XIVe siècle qui fut imprimé pour la première fois en 1871 et dont la version fut reprise à partir des documents conservés au British Museum. Traduit par Armel Guerne, éd. du Seuil.
113. S.65, *Sermons de Maître Eckhart*, *op. cit.*
114. S.68, *op. cit.*
115. S.4, *op. cit.*
116. S.73, *op. cit.*
117. S.4, *op. cit.*
118. S.44, *op. cit.*
119. S.70, *op. cit.*
120. S.10, *op. cit.*

121. S.60, *op. cit.*
122. S.37, *op. cit.*
123. S.60, *op. cit.*
124. S.16^{b}, *op. cit.*
125. S.22, *op. cit.*
126. S.51, *op. cit.*
127. S.76, *op. cit.*
128. S.46, *op. cit.*
129. S.76, *op. cit.*
130. S.1, *op. cit.*
131. Maître Keisan (1267-1325).
132. Maître Taisen Deshimaru.

BIBLIOGRAPHIE

Méditation zen et prière chrétienne, E. LASSALLE, éd. du Cerf.

Le Zen, chemin de l'illumination, E. LASSALLE, éd. du Cerf.

Zen et Bible, K. KADAWAKI, éd. Épi.

La Pratique du Zen, T. DESHIMARU, éd. Albin Michel.

Zen et arts martiaux, T. DESHIMARU, éd. Albin Michel.

Questions à un Maître zen, ,T. DESHIMARU, éd. Albin Michel.

Le Bol et le Bâton, T. DESHIMARU, éd. Albin Michel.

Zen et vie quotidienne, T. DESHIMARU, éd. Albin Michel.

Zen et self control, T. DESHIMARU, éd. Retz.

Genjo koan. Tous les phénomènes deviennent Vérité éternelle, traduction et commentaires T. Deshimaru, Publications A.Z.I. (17, rue des Cinq-Diamants, 75013 Paris).

L'Anneau de la Voie, Evelyn de SMEDT et Dominique DUSSAUSSOY, éd. Cesare Rancilio.

L'Autre Rive, de T. DESHIMARU, éd. Albin Michel.

Le Trésor du Zen, de Maître DOGEN, traduit et commenté par T. DESHIMARU, éd. Albin Michel.

Rien qu'un sac de peau, Maître HAKUIN, éd. Albin Michel.

Revue *Question de*, éd. Albin Michel, n° 69. « La prière ».

n° 74. « Les prophètes d'aujourd'hui ».

n° 75. « Méditer et agir ».

n° 66. « Ermites hier et aujourd'hui. »

n° 48. « Zen et civilisation ».

Être Jésus, M. de SMEDT et J. M. VARENNE, éd. R. Laffont.

Éloge du silence, M. de SMEDT, éd. Albin Michel.

Le Rire du tigre, M. de SMEDT, éd. Albin Michel.

La Clarté intérieure, M. de SMEDT, éd. Belfond.

Tao Te King, de LAO TSEU, éd. Albin Michel.

L'Évangile de Thomas, traduit et commenté par J.-Y. LELOUP, éd. Albin Michel.

Le Désert intérieur, M. M. DAVY, éd. Albin Michel.

Satori, J. BROSSE, éd. Albin Michel.

Discours et sermons, de HOUEÏ-NÊNG, traduit par L. HOULNÉ, éd. Albin Michel.

La Sagesse de l'éveil, textes présentés par M. de SMEDT, éd. Albin Michel.

L'Esprit guide, entretiens avec K. Durkheim, par F. WOERLY, éd. Albin Michel.

Tchouang Tseu, éd. Albin Michel.

Propos intempestifs sur la prière, A. M. BESNARD, éd. du Cerf.

Chemins et demeures, A. M. BESNARD, éd. du Cerf.

Exercices spirituels, saint Ignace de Loyola, éd. du Seuil.

Qui est Jésus de Nazareth ? Paroles de Dieu, éd. du Seuil.

Jésus et la gnose, É. GILLABERT, éd. Dervy-Livres.

Histoire de la mystique, H. GRAEF, éd. du Seuil.

Sources chrétiennes, éd. du Cerf.

L'Expérience de Dieu, éd. du Seuil.

Le Nouveau Testament, traduction, OSTY et TRINQUET, éd. Siloé.

Le Christ hébreu, C. TRESMONTANT, éd. O.E.I.L.

Œuvres spirituelles de saint Jean de la Croix, éd. du Seuil.

Les Évangiles apocryphes, textes choisis par P. CRÉPON, éd. Retz.

Les Hommes ivres de Dieu, J. LACARRIÈRE, éd. du Seuil.
Confessions de saint Augustin, éd. du Seuil.
Œuvres de saint François d'Assise, éd. du Seuil.
Le Nuage d'inconnaissance, éd. du Seuil.
Paroles des Anciens, éd. du Seuil.
Vie de Jésus, RENAN, éd. Gallimard.
Sermons de Maître Eckhart, éd. du Seuil.
De l'homme noble, M. ECKHART, éd. du Seuil.
Instructions spirituelles, Maître ECKHART, éd. du Seuil.
Livre de la consolation divine, Maître ECKHART, éd. du Seuil.

TABLE

II. *Rencontres entre Zen et Christianisme*

« *Spiritualités vivantes* »
Collection fondée par Jean Herbert
au format de poche

La composition de cet ouvrage
a été réalisée par l'Imprimerie BUSSIÈRE,
l'impression et le brochage ont été effectués
sur presse CAMERON dans les ateliers de la S.E.P.C.,
à Saint-Amand-Montrond (Cher),
pour le compte des Éditions Albin Michel.

Achevé d'imprimer en juin 1994.
N° d'édition : 13922. N° d'impression : 1650.
Dépôt légal : juin 1994.